Trust

信托金融理论研究丛书

主　编：漆艰明

副主编：姚江涛　肖　华　韩立新
　　　　蔡概还　李宪明　苏小军

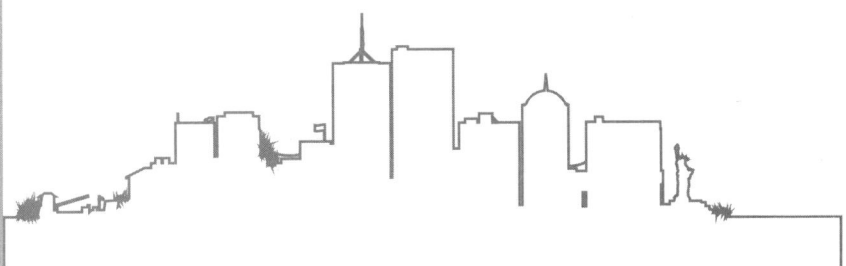

美国受托机构
在债券融资中的信托服务
Corporate Trust: A Partner in Finance

作者｜［美］杰弗瑞·J.鲍威尔（Jeffrey J. Powell）

译者｜北方国际信托股份有限公司

中国金融出版社

责任编辑：董　飞
责任校对：孙　蕊
责任印制：程　颖

Corporate Trust – A Partner in Finance，by Jeffrey J. Powell
ISBN 978 – 0 – 9791273 – 4 – 2
Copyright © Jeffrey J. Powell 2015，2018
Chinese language edition published by China Financial Publishing House，
Beijing，China under license.
北京版权合同登记图字 01 – 2019 – 7690
《美国受托机构在债券融资中的信托服务》一书中文简体字专有出版权
由中国金融出版社有限公司所有。

图书在版编目（CIP）数据

美国受托机构在债券融资中的信托服务/（美）杰弗瑞·J. 鲍威尔（Jeffrey
J. Powell）著；北方国际信托股份有限公司译. —北京：中国金融出版社，2021.3
（信托金融理论研究丛书）
ISBN 978 – 7 – 5220 – 1013 – 7

Ⅰ. ①美… Ⅱ. ①杰…②北… Ⅲ. ①信托机构—信托业务—研究—美国
Ⅳ. ①F837. 124. 9

中国版本图书馆 CIP 数据核字（2021）第 034907 号

美国受托机构在债券融资中的信托服务
MEIGUO SHOUTUO JIGOU ZAI ZHAIQUAN RONGZI ZHONG DE XINTUO FUWU

出版
发行　中国金融出版社
社址　北京市丰台区益泽路 2 号
市场开发部　（010）66024766，63805472，63439533（传真）
网上书店　http://www. cfph. cn
　　　　　　（010）66024766，63372837（传真）
读者服务部　（010）66070833，62568380
邮编　100071
经销　新华书店
印刷　北京市松源印刷有限公司
尺寸　185 毫米 × 260 毫米
印张　17. 75
字数　227 千
版次　2021 年 3 月第 1 版
印次　2021 年 3 月第 1 次印刷
定价　69. 00 元
ISBN 978 – 7 – 5220 – 1013 – 7
如出现印装错误本社负责调换　联系电话（010）63263947

丛书编写组

主　　　编：漆艰明

副　主　编：姚江涛　肖　华　韩立新

　　　　　　蔡概还　李宪明　苏小军

编写组成员：袁　田　陈　进　车　倩

　　　　　　梁光勇　矫德峰　张雅楠

本书翻译人员

金树良　王栋琳　冯　超　黎虹宏　尹　璐

丛书总序

欣闻"信托金融理论研究丛书"出版,特致祝贺。

在西方发达国家,信托业已经发展成为现代金融业的重要组成部分,与银行、保险、证券一起并称为金融四大支柱。境外实践证明,信托已日益成为一项重要的财产管理制度安排。从应用范围来看,信托在社会生活的各个方面都有涉足,从家庭财产的管理、各种基金、投资融资、商事活动、公益事业、社会保障乃至国际合作开发的重大工程项目,都可以利用信托的组织形式。

在我国,自1979年新中国第一家信托投资公司成立以来,信托业作为改革开放的重要标志和窗口,跌宕起伏,风雨兼程,也已走过近40年的改革与发展历程,取得了令人瞩目的成绩。截至2017年底,信托行业管理的资产规模超过26万亿元,已经成为我国现代金融体系的重要组成部分,在丰富我国金融市场和支持国家经济社会发展方面发挥着重要作用。

然而,信托制度在我国社会经济生活中的认知普及和作用影响还远未达到其应有的广度;信托行业在构建现代金融体系和多层次资本市场这一蓝图大略中的基础定位还未被提升至其应有的高度;信托公司在优化内部治理、重塑商业模式、提升营运效率、拓展业务空间、回归信托本源等方面也还未发挥其应有的力度,也未达到其应有的深度。造成我国信托业发展存在诸多不足和问题的重要原因之一,就是与其他金融子行业相比，信托的金融理论基础相对薄弱，与信托在金融体系中的地位并不匹配。

现代金融领域的理论研究和实践探索从来都是相伴相生、相辅相成的。从现代金融行业在世界各国的发展历史来看，每一个金融子行业的产生、发展与壮大都离不开理论研究的支持辅佐，信托业的发展自然也不例外。中国的信托行业是在金融体系结构变迁与理财市场演进发展的进程中应运而生的，是中国资产管理和财富管理领域当之无愧的探路者和先行者。在全行业面临经营转型、战略调整与整体提升的关键时期，我国信托业亟须加强金融理论研究，强化理论自信。

在这种背景下，"信托金融理论研究丛书"的编写和出版恰逢其时，是信托行业盼望已久的一件有意义的事。信托兼具法律属性和金融属性，目前国内信托理论研究多围绕信托的法律属性展开，基于金融属性的理论研究成果相对较少，同时也比较片面和分散，尚未形成完整、系统的理论体系。因此，有必要借鉴国外信托金融研究的前沿思想精髓，探索搭建中国的信托金融理论体系。丛书通过翻译国外经典信托金融理论专著、论文，可以帮助我国信托业更好地开拓国际视野和关注理论前沿，为信托业转型发展提供重要的理论支持。

"博学之，审问之，慎思之，明辨之，笃行之。"伴随中国特色社会主义进入新时代，信托业的发展也迎来新机遇，知识理论的更新更是一日千里，衷心希望"信托金融理论研究丛书"对所有从事和关心信托业的读者有所启发，对信托公司树立世界眼光和回归业务本源有所帮助，对中国信托业的持续稳定发展有所贡献。

漆艰明

中国信托业协会党委书记、专职常务副会长

2018 年 6 月

译者序

本书探讨的是美国受托人所提供的信托服务，主要是在债券融资等业务中的信托服务。作者以通俗易懂的语言为相关实践提供操作指引。作者具有 42 年的美国信托业务实践经验，并培训了大量信托专业人才。作者认为受托人在证券市场中扮演着重要的角色，是金融机构的重要财务伙伴。

为了更好地理解书中的内容，有几个概念需要厘清。

一是受托机构。书中"受托人"一般指的是提供受托人服务的银行、金融服务公司或信托公司，在美国主要是指银行，因此，可统称之为受托机构，与个人受托人相区别。

二是信托产品。美国受托机构可以提供包括公司债信托、市政债信托、结构化金融产品、托管、保管等在内的各种信托产品和服务。围绕公司债的发行和管理所提供的信托服务，简称为公司债信托，这是美国受托机构的重要业务，因此书中围绕公司债信托进行了大量详细介绍。与之相对应，文中主要涉及的主体包括债券发行人、受托人、承销商、债券顾问及其他服务机构。

三是"两阶段"受托人承担的不同角色，这是本书的核心。"两阶段"即受托人大部分时间是作为代理人，但当按照契约的定义发生违约事件时，受托人将立即"升级"作为审慎人，从而执行更高的谨慎标准。受托人是发行人和债券持有人的中间人角色。

《1939 年信托契约法》（经修订）是规定受托人行为准则的基石法案，在第 3 章进行了重点介绍。本书共有 14 个章节，每一章均涉及受托机构责任的一个具体方面，本书还比较了全球受托人职责的不同，介绍了为了更好履行受托人职责需要重视的公司运营及客户关系管理，如何进行业务管理以及信托业务的未来发展。

各章的主要内容如下：

第 1 章，受托人的角色，可包括多个单独的代理人角色，如登记、支付、转让、投标、计算、披露等。受托人为债券融资的发行人服务，并在违约时保护债券持有人。受托人在违约前几乎没有自由裁量权，受托人职责的两个标准是违约前的代理人和违约后的审慎人。

第 2 章，契约和代理文件，它是影响受托人职责的基本法律文件，定义受托人在债券发行期间的角色和责任，约定的责任包括债券发行受托人的运营和监督责任。

第 3 章，《1939 年信托契约法》，它是定义受托人角色的法律文件，是根据《1990 年信托契约改革法》（TIA）修订的，介绍了经修订的 TIA 目的和历史、受托人在 TIA 下的责任、TIA 的影响与证券市场受托人角色的演变。

第 4 章，违约前受托人的职责和合规问题，交割是受托人在契约项下角色的正式开始，是开始履行其在债券发行中的所有其他职责的时候，交割前主要是审查和了解等受托人职责，交割后主要包括账簿、支付款项、开户等管理员职责。

第 5 章，违约后受托人的职责和破产责任，违约后受托人职责标准提升，即审慎人标准，需要受托人更加警惕以及采取更多行动。建议受托人积极主动、加强沟通和咨询顾问。

第 6 章，破产流程和受托人的参与，介绍了《破产法》，建议破产最佳实践为受托人聘请破产顾问并创建一个专业团队。受托人若不履行其破产职责会导致一些风险，包括受到指控和索赔。

第 7 章，信托违约前后的风险管理和最佳实践，介绍了交割前后和违约前后影响受托人的各种风险，定义了关键风险领域和总风险环境，结算前、结算后和违约后的管理绩效，旨在更好地了解受托人在各种风险情况下应如何行事。

第8章，信托产品，简要概述受托人服务中的常见产品，除了公司债券以外，还包括市政债券、托管、保管等，此外，还介绍了服务于这些产品的一般受托人职责。不同受托人还可提供其他特定的服务，这些服务会随着证券市场和客户需求的变化而演变成新产品。

第9章，结构化金融，介绍了结构性金融是如何融资的，以及受托人在结构性融资中扮演的重要角色，促进抵押品中现金流量和担保权益的处理。

第10章，全球受托人，描述全球受托人/财务代理人在向全球发行人和债券持有人提供不同服务时所扮演的各种角色和执行的服务，重点介绍了英国和美国法规的不同。美国模式与全球模式的不同之处在于，美国受托人仅遵循违约后审慎人谨慎标准，非美国受托人从债券发行开始到结算应始终遵循理性或审慎人标准。

第11章，运营，介绍了运营在信托服务中的重要性、运营的职能和责任以及运营部门与业务部门的互动，必须为运营部分配适当的人员和系统资源，以便受托人履行其责任。

第12章，客户关系管理，介绍了如何拜访及培育稳固的客户以及客户关系管理中的注意事项。

第13章，信托业务管理，面对外部监管和合规要求以及持续竞争的压力，如何成功管理受托人开展的信托业务，如何进行创收，如何管理风险。

第14章，信托的未来，作者看好信托这项业务，认为其未来将继续成为美国和世界各地证券市场的一项有价值的服务。公司作为受托人未来面临的挑战主要是来自收入生产的匹配、监管合规的压力、投资者和发行人的要求、公司战略的部署，人员及系统方面的挑战。

本书详细介绍了美国受托机构可以提供的各类信托服务，内容涵盖受托人角色、契约文件、《1939 年信托契约法》、违约前和违约后责任、破产流程、风险管理、产品种类、结构化金融、各国实践、运营、客户管理和业务管理，并展望了信托的未来。文中有大量实际案例、操作指引、流程介绍，不仅具有很强的专业性，而且极具可操作性。作者语言诙谐活泼，案例生动有趣，具有很强的可读性。

本书重点介绍的公司债信托，对于中国正在转型中的信托行业具有很强的借鉴意义。在美国，受托人通常以公司债为主要工具，借助于证券市场为公司主体提供融资服务，这已经成为美国受托机构开展的最主要业务之一。在美国，受托机构提供的信托服务已经高度专业化、规范化，监管机构通过详尽的法律法规，构建起严密的监管体系，确保受托人尽职尽责。同时，公司债信托中并非只有信托公司提供服务，一般会引入大量的第三方服务机构，各类机构各司其职，互相制约。这些经验为中国信托行业回归本源、改善业务结构、履行勤勉尽责义务等提供了一个新的方向。

本书是北方国际信托股份有限公司与中国信托业协会合作翻译的成果，由于译者水平有限，不当之处在所难免，欢迎读者指正。

北方国际信托股份有限公司
2020 年 11 月

前　言

　　本书专为所有被误解的受托机构（亦称"契约受托人"）和试图理解并认同我们的人士所写。我担任受托机构的 42 年职业生涯使我明白，我们在金融市场中扮演着至关重要的角色，但我们却对我们的角色和责任知之甚少。我将一生的时间都奉献在培养受托机构专业人士、银行经理、承销商、发行人、监管者以及任何愿意了解我们实际工作内容的人上面。我想通过本书去实现的目标，是帮助每个人认识到我们是金融市场中的真正伙伴。为此，本书仅代表我个人观点，并不代表任何组织或其他个人的观点。

　　从我个人的角度来看，我使用了一种更日常、对话式的风格来撰写本书。我的目的是使章节内容更加通俗易读，而避免采用更专业和更法律化的繁琐方式撰写。但事实上，受托机构业务是一项非常专业和法律化的业务。我把这类专业论述留给他人去撰写。我希望采用我在职业生涯中培训成千上万名专业人士时那样的方式和你探讨。我的目标是以一种更易于理解的方式，将这项有意义的行业带入生活。我希望你在读完本书时，能够真正理解受托机构的角色、承担的责任和风险，同时牢记我们受托人的关键原则，即作为金融行业的真正伙伴，我们受托人存在的目的是促进债券发行工作顺利完成。

　　本书共有 14 章。每一章均涉及受托机构责任的一个具体方面。我以个人经历中的一个简短故事来展开每一章，以吸引读者将注意力集中在该章内容之上。全书将使用示例和插图。本书内嵌有简单和基本的插图，以便于进一步理解特定概念。

章节末尾将简要总结章节要点，以强化理解。此外，每章还包含一个真实的案例研究，供读者思考。附件（A－G）附于本书末尾，具体包括以下内容：

A.《1939 年信托契约法》：关键章节摘要

B. 受托机构：简述

C. 如何成功管理信托风险：最佳实践

D. 市政债券产品和债券发行说明

E. SEC 转让代理规则

F. 资产支持证券类型

G. 典型的资产支持债券发行模式

《1939 年信托契约法》（经修订）是规范受托机构行为准则的基准法案，也是标准。我简单总结了此标准的较关键章节。此外，我还包含对受托机构的简述，将之提炼为所有人都能理解的若干简单短语。其他附件一目了然。

我希望我的读者能够受到教导，了解并参与到这个极具吸引力的业务中，这一业务一直是全球许多信托专业人士梦寐以求的终身事业。对于包括我在内的许多信托专业人士而言，这是一个能让我们产生兴趣的行业。我们不想放下受托机构这项独特的商业服务。我留下来的主要原因是学习新业务是一项激动人心的挑战。受托机构关注证券市场的发展，这意味着其将随着新的证券结构和市场需求不断发生变化。受托人是融资的辅助商，与各种其他证券专业人士合作。此外，我还认为，我们也能为正在筹集资金以建设或生产产品和服务的企业和政府实体带来实际的效益。

这个行业会让你一直保持兴趣，并且保持不断学习的态度。你会越来越喜欢它。

我必须对我在此业务中认识的众多人员表示衷心感谢。由于这份感

2

谢名单的人数太多，可能无法完整提及我所认识的同事、共事者和学生，但我想特别感谢以下人员所给予的帮助：Bill Barett、Harold Kaplan、Mark Hebbeln、Steve Wagner、Kristin Going、Marla Cohen、Brian Calder、Terry McRoberts、Dennis Egan、Karen Atkinson、Missy Jennings、Nancy Duke、Molly Carlson、Tony Guthrie、Agatha Wade、David Leverich、Gordon Glaza、Ann Friedman、Brian Hunter、Dorothy Friedlander、Dave Butler、Leland Hansen、Jack Kruger、Donald Alvin、John Mull、Dennis McDonald、Troy Kilpatrick、Carmela Ehret、Jenni Minardi、Doc Walter、Sheri Gillund、Susan Danner、Bruce Wandersee、Cris Naser、Sally Miller、David Ursa、Kathleen Ursa、Jane Pope、Holly Pattison、Lori Donahue、George Kubin、Damien Sauter、Elisa Monk、Martin Reeves、Sally Gilding、Angeline Garvey、Lynne Malina、Lee Cobb、Debbie Schwaub、Tracy Montone、Cris Hilcoat、James Spiotto、Bob Landau、Gary Vaughn、David Co、Rick Schall、Todd Duncan、Connie Marmet、Rafaat Sarkis、John Finley、Larry Kusch、Tabor Ban、Janet Choi、Bill Ekey、Brian Mabuse、Mike Gorlicki、Jack Beeson、Jim DellaSalla、Kevin Kirby、Kevin Dobrava、Brent Varzaly、Kris Johnson、Kimberlee Wilson、Linda Wilder、Stephanie Wickouski 等。

感谢大家多年来给予的支持以及建立起来的友谊。我还要向瑞克·拜德律师事务所的 Daniel Northrop 先生提供的编辑支持表示特别感谢。

并且，我还要感谢我的妻子 Judy、两个女儿 Kristen 和 Denise 以及女婿 Ryan 和 Uriah，他们最终能够理解我的工作。没有他们的帮助和支持，我不可能完成本书。

杰弗瑞·J. 鲍威尔

目　录

第 1 章

受托人的角色

导言：法国巴黎市—1989 年

在接听一整天的客户电话之后，现在到了晚上。我正坐在光明之城巴黎的一间酒店客房里，我来这里寻找受托机构的新业务。我们今天拜访了几家主要的法国公司，在那里我了解到与客户争论竟也是一种谈生意的方式（他们似乎喜欢争论！）。在各个国家开展业务，我一直极为在意文化的差异。尽管最值得关注的是与这些繁华城市中的人们交流时所发生的事情，但我关注我在任何地方开展受托机构中所产生的影响——即使在任何地方的酒店客房中也是如此。

我打开电视，在快速浏览了几个法语频道后最终选择了唯一的英语频道 CNN。一则刚开始报道的关于一对老夫妇的新闻令我产生了兴趣。他们的房子装修简朴，他们的衣着和周遭的环境表明他们并不富裕。他

1

们即是那种普通的人,一生辛勤工作,而后过着平静、低调的退休生活。

他们手里拿着一张支票,作为他们在已崩溃的臭名昭著的林肯储蓄信贷银行中的投资补偿,这家银行是20世纪80年代和90年代因不计后果的投资而崩溃的数千家金融机构之一。当这对夫妇看着这张支票时,脸上洋溢着喜悦和如释重负的微笑。新闻播报员解释称,这两个人是林肯储蓄信贷银行的债券持有人。

这张支票代表了他们努力工作所赚取的退休储蓄金的一大部分。当他们拿起支票对着镜头时,我注意到支票上的"美洲银行作为受托人"几个大字。

这个时刻真正地震撼了我。我呆呆地坐着。从事公司信债托业务17年后,我第一次真正理解受托人的真正目标。受托人是为了给在困难时刻依靠他们获得最大补偿的投资者带来宽慰的笑容。这个角色突然变得对我个人意义重大。无论我在这个行业取得何种成就,无论我为谁工作和服务,我永远都不会忘记这对老夫妇手拿写着"作为受托人"的支票,对着镜头微笑的场景。

章节目标

本章将讨论受托机构的职责和责任,我将在整本书中称之为"受托人"的主题包括:

Ⅰ. 受托人的角色:历史与演变

Ⅱ. 什么是受托人,受托人的工作是做什么?

Ⅲ. 被误解的受托人角色

本章末尾的案例研究将提供一个与市政债券发行相关的情景,并让读者有机会确定受托人在特定债券发行中的角色。

1.1　受托人的角色:历史与演变简述

当第一个受托人在原始环境下诞生之初,金融服务业的境况大不相同。事实上，第一批受托人是在 19 世纪初，被任命监管铁路债券发行工作的个人。铁路扩张需要大量资本，于是相关机构转向发行债券。投资者更为放心的是让一个专业、公正的第三方监督债券发行契约的条款，并兼顾他们的利益。由于这时还没有发展起来正式的公司形式，因此受托人通常是受人尊敬的个人。

这种关系存在四个问题：

- 受托人的行事权力非常有限，且责任有限。
- 个人死亡后，没有人承担受托人的角色。
- 没有正式的行为标准以敦促受托人依据法律、习惯或惯例方式行事。
- 由于没有法律要求为债券发行任命受托人，因此最需要受托人的债券发行事务通常没有受托人。

其结果就是没有人真正地为发行人提供所需服务，也没有人真正地为债券持有人提供保护。

这种不尽如人意的状况一直持续到 1929 年开始的大萧条危机。当时，市政当局和公司通常会以发行债券的融资方式满足资金需求。在随后的经济危机中，许多公司发行的债券都出现了违约情况。为拯救美国的金融体系，国会颁布了基本证券法律——《1933 年证券法》和《1934 年证券交易法》。

为解决保护债券持有人的问题，国会颁布了《1939 年信托契约法》（TIA），作为《1933 年证券法》的修正案。TIA 确立了受托人的正式角色（涵盖公共和公司债务）。该法案是一部专为受托人建立明确标准的联邦法律。这部法律要求为公共债务和公司债务任命一个受托人，这两种债务在大萧条时期违约风险最高。现在，受托人在违约前后的职责和责任都有了明确的定义。同样重要的是，TIA 为受托人建立了履行其职责的权限。按照 TIA 的定义，受托人必须是一家银行——一个专业组织，以便在整个债券发行期内持续提供服务。

时至今日，债券融资受托人的概念得到不断发展和加强。多种债券的发行，即使根据 TIA 不需要设立受托人，例如市政债券和私募债券，通常都任命了受托人。受托人角色范围的扩大涵盖了 TIA 未强制要求的其他债券发行，这一现象表明，金融市场非常重视受托人所提供的服务。

其价值可归纳如下：

● 在作出投资决策时，债券持有人非常重视是否有受托人提供的服务，因为他们知道有一个专业、独立的第三方致力于保护他们的利益。

● 任命受托人降低了融资成本，因为当受托人履行职责时，他们为证券市场带来了稳定和信心——这正是 TIA 颁布的主要目的。

● 没有其他人能够提供受托人为发行人和债券持有人实现的所有持续支付、监督、处理和保护等服务。

20 世纪 90 年代中期，当我在国会委员会面前就 TIA 所设想的受托人角色重要性提供证言时，我自豪地说，受托人已经证明了他们在促进证券市场运作上的价值。受托人的角色已经发展成为发行人为满足资本需求进行融资过程中的一个关键部分。受托人能够出色地完成所有工作。

1.2 什么是受托人？受托人的工作是什么？

经常有人问我如何定义受托人。简单的回答是：受托人是为债券发行提供受托人服务的银行、金融服务公司或信托公司。债券发行由发行人发起，并由债券持有人（投资者）购买。债券发行的目的是为发行人筹集资本，以完成修建或购买需要。

第一种发行人可以是市政发行人（如市、县、州），或者甚至是由州政府设立的管道公司（如住房管理局）。这些发行人可以发行免税或应税的，并且通常用于为基础设施建设融资的市政债券。

第二种发行人可以是发行有担保或无担保公司债券的公司。第三种发行人可以是创建以下类别中结构性金融债券的实体：

- 资产支持证券
- 抵押支持证券
- 债务抵押债券（CDO）

发行人聘用受托人来代表发行人提供管理债券契约条款的服务。发行人将基于经验、关系和费用去聘用受托人，在许多情况下前述因素的考量顺序不同。遗憾的是，发行人通常只基于最低费用去聘用受托人，而不是基于他们的经验、服务质量或专业知识。现实情况是，相对于受托人所提供服务和所承担风险的性质，受托人只获得最低费用。原因如下。正如我之前所说，发行人聘用受托人提供服务。这些服务在债券发行期间提供，可持续三十年或更长时间。由于大多数债券不会"违约"（这是一个充满风险的可怕字眼），受托人只会担任一个非全权代理人的角色，因此其获得的报酬很少。受托人在担任此违约前角色时的责任非常有限，为此，只要受托人履行这些职责，受托人便不会获得高额回报，尤其较之债券金额而言。举个例子，1000 万美元的债券发行可能为受托人带来 1500 美元的年费——这算不上什么大数目。我经常听别人说："最好的受托人是你从未听说过的人。"人们希望这些受托人在幕后为我们工作，安静、高效和低调。

因此，现实情况是，受托人在担任违约前角色时，通常会由于人们觉得这一角色的工作职责有限，而并未获得体现他们实际价值的报酬。我说"觉得"是因为受托人在此期间承担了许多责任，并且在我们日益复杂和诉讼不断的金融世界中，受托人需承担更多责任。

当违约发生时，变化转瞬而至，有时甚至没有任何预兆。当发行人违反其对债券持有人的义务时，受托人必须立即采取行动，化身超级英雄，代表债券持有人披荆斩棘，渡过难关。受托人必须从代理人的角色戏剧性地转变为"审慎人"的角色，如信托法规中所述。受托人负责保护债券持有人的利益，债券持有人依靠受托人寻求索赔。这是受托人被雇用的意义所在。换言之，受托人是以"为发行人服务并保护债券持有人"的角色接受聘任：

- 通过履行契中描述的所有违约前职责，为发行人服务，该契约是发行人和债券持有人之间的管理信托协议。

- 当违约时保护债券持有人，最大程度地收回他们的投资。

"服务和保护"应该是大家熟悉的座右铭。这是警察的座右铭。对我而言，它体现了受托人角色的本质：契约警察。我们的工作是按照违约前的条款所述，监督和执行契约规定。这当然不是一项微不足道的工作。它需要训练有素的员工、系统和运营处理能力。这完全符合理解和处理现有最复杂的金融契约之一——信托契约，以及其他信托文件的要求。

一旦有违约性质的问题出现，例如破产或不支付本金，受托人的职责就是从为发行人服务转移到保护债券持有人。我们的违约后工作是最大化收回债券持有人的投资。同样，我们的角色是最大化，但并不保证债券持有人能够收回他们的投资。我们只能作为审慎人，依据当时情况为其寻求索赔。这是受托人操作的标准。这是我们的挑战，也是我们被任命为债券发行受托人的最终目的。

多年来，受托人在履行对债券持有人所担负的义务方面表现非常出色，正如发行人、债券持有人、监管者和证券法起草者最初设想的一样——即《1939 年信托契约法》。此法案正式确立了受托人的角色。该法案的目的是提供一个专业、独立、无冲突的第三方，同时服务于发行人并保护债券持有人。

受托人的目的是促进债券发行工作，从而使发行人和债券持有人都能从交易中获益。通过该交易，发行人可通过债券发行来筹集资本，债券持有人则可获得一定的回报率并收回投资本金。此外，如果所有参与方都对实现各自的目标持有信心，则资本市场能够良好运作。受托人的存在便提供了这种信心。

1.2.1　受托人的独特角色：中间方

真正理解受托人角色的关键是设想受托人在债券发行中的中间位置：

图 1 - 1　受托人的角色

受托人的角色是一个不会重复于任何其他银行服务的独特角色，这就是它为何难以被人理解或赏识的原因。受托人确实参与了债券交易。发行人为我们支付报酬，但我们最终要对债券持有人负责。有趣的是，尽管我们是由发行人聘用并由他们来支付费用，但我们实际上是为债券持有人工作——我们没有见过面，甚至在大多数情况下，不知道对方是谁。

我们不知道债券持有人的原因是大多数债券发行均以簿记形式进行，并且保存在存管机构——存管信托公司（DTC）的记录中，它是存管信托结算公司（DTCC）的一部分。受托人无法知悉债券持有人的真实情况；他们将债券持有人称为受益所有人。这看起来很奇怪，但受托人最终是为他们素未谋面的人群工作，他们既不支付费用也不进行任命。至少可以说，这是一种独特关系，并且在金融服务业中是前所未有的。

1.2.2　债券发行的主要相关方

为清楚起见，让我们来进一步定义这些相关方：

- 发行人：这是发行债券的一方。示例包括芝加哥市、库克县、伊利诺伊州住房发展局和伊利诺伊州。这些都是市政发行人的示例。

- 债务人：此概念适用于"有义务"兑付债券的一方。可能是发行人或可能是第三方。其中一个例子是工业收益债券发行。在此场景下，债务人和发行人是两个独立的相关方。发行人是支持发行债券的城市或市政当局。债务人是一家私人公司，其希望用免税的债券收益建造一家工厂，并在债券偿还后成为工厂的最终所有者。例如，陶氏化学公司想在芝加哥建一家化工厂。芝加哥市政府希望支持债券的发行，为该工厂的建设提供资金，从而增加税收和创造就业岗位。芝加哥市政府是发行人，但不负责偿还债券。债券持有人对芝加哥市政府"无追索权"。相反，陶氏化学公司是有义务支付债券的本金和利息的一方。陶氏化学公司是债务人。

◎ 债券持有人：购买债券的投资者就是债券持有人。债券持有人一般分为两类：

- 个人债券持有人：他们是独立的公众投资者，亦称"小型"债券持有人。

- 机构债券持有人：这些机构包括公司、银行、保险公司、养老基金、共同基金、对冲基金和私募股权基金等。他们是经验丰富的投资者，拥有金融知识和资源。

所有债券持有人均有一个共同的目标：获取投资回报。债券持有人的这一基本目标是托管人存在的关键原因。债券是向债券持有人偿还本金和利息的凭证。作为"债务人"的债券持有人是发行人/债务人的"债权人"。债券持有人期望在购买债券后获得回报，这就是为何受托人的角色如此重要的原因。但股票发行并非如此。股票发行实际上是股权发行。发行人对股东没有偿还投资的承诺，因为股东是公司的所有者而不是债权人。股东可获得公司的利润分红，亦或需要承担亏损。没有第三方来保护股东的利益，因为没有偿付承诺。但债券具有偿付义务。这就是为何为债券发行设立受托人角色的原因。

图 1-2　500 磅的大猩猩

债券持有人才是受托人真正的老板，是受托人服务的重量级投资者——"500 磅的大猩猩"。

1.2.3　受托人角色的图解

为进一步理解受托人的角色，下面分两部分进行阐述。

Ⅰ. 违约前：代理人角色

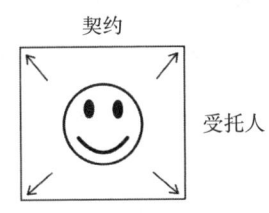

契约

受托人

图 1 - 3　受托人职责范围

受托人只需要在信托契约框定的范围内，按照信托契约的描述履行职责。在未经授权的情况下，受托人很少或根本没有在信托契约范围之外行事的自由裁量权，而且就授权本身也非常有限。

Ⅱ. 违约后：审慎人角色

受托人从代理人角色到审慎人角色的"飞跃"过程，如图 1 - 4 所示。对于大多数债券发行，大部分时间受托人是作为代理人。但当信托契约所定义的违约事件发生时，受托人将立即"晋升"为审慎人，执行更高标准的审慎原则。如《1939 年信托契约法》第 315（c）节所述，受托人的违约后审慎原则如下：

发生违约时（正如信托契约所定义），受托人应行使此类信托契约赋予给他们的权利和权力，并且在行使时，使用与审慎人在处理自身事务时所持有与采用的，同等谨慎和技能。

"谨慎人"标准亦称"审慎人"标准，是指受托人依据具体情况采用合适的审慎方案。

这是受托人行事的黄金法则。这也意味着受托人以对待自身财务的态度来对待债券持有人的财产。

在此角色中，受托人必须遵循以下几项指导原则：

- 代表所有债券持有人而不仅仅是少数人，积极主动地进行索赔。
- 经常并及时地与债券持有人进行沟通。
- 依靠法律顾问和其他专家给出意见，从而寻求最好的结果。

从我处理违约情况的经验中，我明白了这些原则。正如我在本章开头所述，我们受托人有责任在发生违约时争取为债券持有人追偿。这是实实在在的钱，也会对人的生活造成现实的影响。在与债券持有人的多次交谈中，我不禁深受感动，因为我了解到，收回他们的血汗钱，对个人和机构投资者（需对委托人负责）而言意义重大。这就是受托人存在的原因。

图1-4明确地展示了受托人的双重角色。

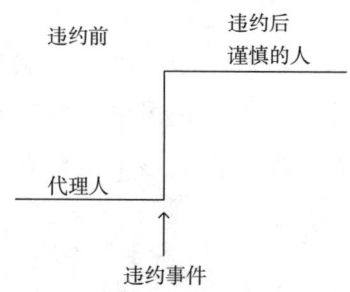

图1-4　受托人的双重角色

1.2.4　受托人扮演的多种辅助角色

受托人在债券发行中扮演着许多辅助角色。我倾向于用伞状图来说明这一点：

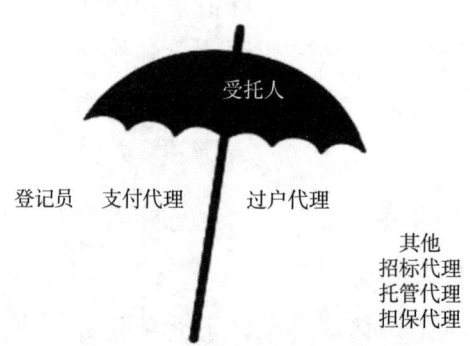

图1-5　受托人扮演的多种辅助角色

如图1-5所示，受托人角色可包括多个单独的代理人角色。通常的做法是将这些单独职责都赋予受托人控制之下，作为额外的职责。但是，每个角色均可以与受托人分割开，由不同的参与方执行。下面简要描述一下每种角色：

- 登记人：保存债券持有人的姓名和地址记录，并监督已发行债券的未清偿金额。
- 支付代理人：收取资金并向债券持有人付款。
- 转让代理人：将债券从债券持有方过户至债券购买方。
- 投标代理人：处理债券持有人向信托公司提交或投放的债券，以全额付款。
- 副代理人：保管信托抵押品。
- 核算代理人：计算本金或利息付款。
- 信息披露代理人：在市政债券发行中，接收市政债券的信息并将之转发至二级市场披露系统。

该系统称为电子市政债券市场准入系统（EMMA®），由市政证券规则制定委员会（MSRB）管理。

当然还有其他的代理人角色，但此列表所述的代理人类型最为常见。托管是一个单独的代理服务，将在后文进行讨论。

1.3　被误解的受托人角色

市场参与者对受托人的真实角色存在许多误解。以下是依据现实情况列出的受托人职责清单：

- 受托人不是融资的担保人，而是为促进债券持有人取得积极结果的人。
- 受托人不对债券收益的使用方式作任何陈述，也不对发行人或第三方的任何债券收益欺诈和滥用行为负责。
- 受托人不对承销商在发行说明书或正式声明中披露的信息的准确性或内容负责。
- 受托人不在融资中组织或起草文件，但可以就受托人的职责和

11

责任发表意见。

● 如果受托人认为合适，则受托人有权寻求法律顾问或专家的建议，费用由发行人承担。

● 受托人可以认为其根据契约收到的意见和信息均属实，但没有责任事后查看或调查这些声明以核实它们的准确性。

持有 25% 未清偿债券本金金额的债券持有人有权指示受托人的行动。然而，这只是债券持有人的权利，如果受托人认为这有损其他债券持有人的利益，则受托人没有义务遵循该指示。

● 除非契约特别要求，否则受托人没有责任监督契约中的任何条款。受托人没有责任接收报告、财务报表、保险单或其他发行人遵守契约的证据，但契约明文规定受托人应接收此类证据的情况除外。如果契约中没有该条款，则受托人没有责任要求或接受证据。

受托人不是受信人

我不得不谈谈对于受托机构业务中受托人角色最常见的一个误解。重要的是认识到受托人不是受信人。首先，联邦法律可证实这一观点。《1939 年信托契约法》明确规定，受托人是违约后的"审慎人"。受信人是一个成熟的法律概念，要求根据该标准行事的一方承担广泛的自由裁量责任和附加的职责。受托人等同于受信人的一个例子是财富管理信托业务。受信人必须是一名具备知识和技能，以监督管理其客户利益的专业人士。为此，受信人在履行其对客户的责任时需坚持更高的审慎标准，并始终坚持为客户作出正确决定的标准。这与受托机构的审慎人标准不同，受托机构必须考虑具体的情况，在违约时采取适当行动。这意味着，受托人按照其在行动时面临的情况采取行动，即为谨慎行动。如果之后的情况证明该行动不是最好选择，受托已根据此谨慎标准的要求行事，并不承担责任，而受信人则有责任。

其次，法院判例和破产事件中多年来的习惯和惯例，也印证了信托业所采用的是非受信标准。

再次，受托人履行的信托契约并没有对受托人强行设定受信标准。

最后，事实上，受托人作为受信人，也并未获得报酬。由于我们采用代理人和审慎人（并非受信人）标准，因此我们的费用很低。我一直教导我的学生在信托面临处罚（或违约）时，切勿将信托中的受托人称为受信人。这是完全错误的。

结论

资本市场中，受托人角色是一个独特并且重要的组成。在发行债券成功的过程中，受托人是其他参与者的真正伙伴。伴随金融市场的需求不断变化，这一角色将不断演变。

章节摘要

- 受托人角色之一是为债券融资的发行人服务，并在违约时保护债券持有人。**服务和保护**。

- 受托人的双重标准是作为违约前的代理人和违约后的审慎人。**作为代理人和审慎人**。

- 受托人在违约前几乎没有自由裁量权，并且在履行其职责和责任时必须遵守契约的规定。**以契约为准**。

- 受托人的发展具有悠久历史，最早出现于 19 世纪初的铁路债券，并因大萧条而由证券法正式确立。**保护投资者**。

- 确立受托人正式角色的关键联邦法律是《1939 年信托契约法》（TIA）。

- 受托人并非受信人，而是违约后的审慎人。**非受信人**。

- 受托人必须积极主动地保护所有债券持有人的利益，而不仅仅是少数人。**平等地保护所有债券持有人**。

案例研究

假定你是市政债券发行的受托人，为在当地社区建设一个娱乐中心进行融资。但遗憾的是，该项目的初始收益预测被过分夸大。可想而知，其结果是项目违约。债券持有人起诉受托人，声称他：（1）违反了受信职责；（2）由于受托人积极参与官方声明内容的起草，因此对于项目的违约，受托人应负有直接责任；以及（3）受托人疏于履行职责，未能监督项目以确保债券持有人得到偿付。请回答以下问题：

作为受托人，你会如何为自己的行为辩护？

回答

第一，尽管项目不幸失败并导致债券持有人遭受损失，但受托人无法阻止并对此类运营失败负责。我们的工作是作为代理人，在违约前以有限的自由裁量权执行契约的条款与条件。在违约之前，我们无权介入或干涉项目的运作。只要我们在违约后谨慎且积极主动地采取行动，我们即已履责。我们不是受信人，以这种审慎标准来起诉我们是错误的。

第二，我们并不起草或参与起草正式声明。我们不是声明的当事人，不对其内容承担任何责任。简而言之，我们不组织交易，也不对项目的经济效应负责。

第三，受托人只要按照契约中描述的具体职责来履行违约前职责，即无须对过失负责。在这种情况下，则不能指控受托人有过失。受托人不对结构不当或管理不当的"不良交易"负责。

因此，理解违约前和违约后的受托人角色，并按照该角色的要求履行职责将是受托人必须遵守的谨慎标准。受托人不能因为一笔糟糕交易而承担责任，也不应仅因债券持有人发生亏损而成为诉讼目标。

第 2 章

契约和代理文件

导言：伊利诺斯州芝加哥市—1990 年

今天我们将完成债券发行，这意味着将有许多首次参与的新客户。债券顾问一直在与另一家受托银行就之前的问题进行交涉。在收到契约草案后，我们开始发表意见。我们认为有几项重要规定需要修改，如涉及发行人对受托人的赔偿条款。我们惊奇地发现，被视为标准的赔偿条款缺失了。该条款通常会规定，发行人或债券持有人将根据受托人的要求，赔偿受托人。

当我们向债券法律顾问提出我们的意见时，我们得到的回复是："其他受托人从未质疑过这些文件或坚持他们的条款。"债券法律顾问不愿意按照我们的要求进行更改——我们认为这些意见对我们持续作为受托人的角色至关重要。

我们坚持自己的意见。最后，经过激烈的谈判，我们将我们的条款纳入了契约。

事后，我和一位债券法律顾问聊天，他说了一些我永远不会忘记的话。他说："在这件事上，你真是一个不妥协的谈判者，但你确实得到了你需要的东西。我们一直在寻找沉默的受托人。"我沉默片刻，然后回答道："很高兴让你失望了。"

我从未忘记那受益匪浅的一课。受托人必须有勇气和胆量审查管理文件，永远不要害怕去陈述自己的观点——即使这可能会引起一些人的不适。最终，受托人必须在接下来的十年或三十年中执行这些文件。受托人应该永远牢记这一点。

章节目标

理解受托人的角色必须包括讨论影响受托人的基本法律文件。虽然有大量不同的法律文件去定义受托人角色和责任，但最关键的是信托契约。本章将从以下角度来探讨信托契约对受托人职责的影响：

Ⅰ. 契约的历史与现代契约的演变过程

Ⅱ. 受托人应知道契约结构和要求

Ⅲ. 信托契约中与受托人有关的主要规定：关键问题

Ⅳ. 关于受托人应如何审查契约并就其发表意见的小技巧

Ⅴ. 影响受托人的其他信托文件

2.1 契约历史与现代契约的演变

在法律上，"契约"一词是指双方或多方之间达成的契据或书面协议。在债券融资中，契约是详细规定了从发行结束到最终到期日，债券融资操作的必要条款与条件的法律约束文件。

契约最早出现在 1830 年，但直至 19 世纪后期公司业务兴起后才得到广泛使用。随着美国经济实力的增长，公司作为一种用来筹集大规模生产所需资本的形式，以满足不断增长的对商品和服务的需求。越来越多的公司从发行股票转向发行债券，以筹集扩大业务所需的资本。契约成为发行债券的首选工具。

债券发行的类型越来越多，从 19 世纪初首次发行第一批抵押铁路债券，扩展到多样化且复杂的债券结构，契约成为促进债券发行的重要机制。它发展成为一个混合法律文件集合（按顺序）：

1. 契约

2. 信托

3. 确立担保权益

信托契约首先是一份契约。为此，它在所有方面均受到契约法的约束。它是一份确立以下三方之间契约权利和义务的具有约束力的法律协议：

1. 发行人/债务人，负责发行债券并同意支付本金和利息

2. 受托人，负责作为发行人的代理人，但在违约时作为债券持有人的审慎人角色

3. 债券持有人/投资者，投资债券

契约确立了这三方之间的若干契约权利。这些权利在契约章节中规定为发行人、受托人和债券持有人的行为过程。为履行这些责任，契约就监督和补救这些职责的权利进行了规定。这是一个复杂且相互作用的网络，旨在实现一个目标：允许发行人向债券投资人借钱，并承诺偿还。契约旨在设定条款与条件，并基于此类条款与条件，实现资金出借和偿还的双重目标。

为此，信托契约是债券融资的核心。可能还有其他文件、协议和担保，具体取决于交易的性质。

影响契约运作方式的现有法律和法院程序也都围绕其展开。因此，契约已经演变成当今最复杂的金融文件之一。契约依然是构成融资核心的决定性文件。

为满足不断变化的证券市场需求，以及发行人日益增长的寻找新融资方式的需求，契约必须具有灵活性、适应性、结构合理性，并通过书面规范债券整个的运营规则。这不是一项容易的工作。然而，信托契约作为一种契约，必须满足所有这些要求。任何一方因疏忽、重大过失或故意的不当行为而违反契约条款，将依法承担责任和损害赔偿。

契约也可视为一种信托，但在相对于其他信托关系更为有限的范畴之下。在契约下，受托人没有直接管理信托资产的责任，在违约前处于较为被动的角色。在违约后，受托人会采取审慎人谨慎标准，拥有真正的权力和权威管理和担保信托资产，以保护债券持有人的利益，契约真正的信托一面才显现。

契约也可设立担保权益来支持债券持有人的偿还要求。对于各种债券结构而言均如此。例如，第一抵押债券是由发行人（如一家公共事业公司）的实体工厂、土地和设备提供担保。收入债券由收入付款来源的担保权益作为后盾，可由财产或设备提供担保。抵押品信托由实际融资的设备提供担保，例如设备信托或杠杆租赁债券。我将这些保障品称为"飞机、火车和汽车"。资产支持证券目前也是一种众所周知的证券结构，这种结构下，特定的资产与发行人/发起者进行分离，仅作为债券持有人的偿还抵押。

根据契约和其他信托文件的定义，现如今有大量的债券结构，以某种形式的担保权益支持偿还。

2.2 受托人应了解契约结构和要求

作为一种法律契约、信托和担保协议，信托契约的结构已演变为适应各种债券融资。无论债券是有担保还是无担保、公开还是私人、公司还是市政，信托契约均可为债券发行从开始到结束（从债券最初发行到最终到期）的运作创建一个有效框架。

由于信托契约的有效期时间可能很长，10 年、20 年、30 年或更长，因此其必须足够灵活，以适应不断变化的条件。不可避免的是，法律和经济条件的变化会极大地影响契约和债券。我将契约比作一份实际文件。这就像美国宪法。契约必须经受住时间的考验，适应不可预期的发展变化，并保持足够的灵活性以便进行修正。换言之，其必须提供一个坚实的框架，以有效地管理融资和相关各方，但允许修订，以保持其有效性。

契约是一项神奇的创造，它实现了所有这些目标。其历久弥新，在不断变化的法律和经济环境中发展，以满足新的证券结构的需要。合约在担任债券顾问并起草合约的律师渐进式的帮助下，不断发展。受托人还必须执行其规定，监督合规性，并促进所述流程的实现。

合约是心脏，现金流量是在各种账户中流通的血液，它维持着对债券持有人的承诺——偿还最初投资人通过购买债券出借给发行人的款项。

受托人是债券发行的一方。受托人不参与契约起草；债券法律顾问代表发行人起草。然而，受托人必须审查契约并提出实质性意见，以期改善契约的运作，让所有人受益。受托人还必须确保契约中有适当的保护措施，以及适当的法律权利和行动权力。受托人决不能将任何事情视为理所当然。因此，对于受托人而言，适当地审查任何合约并理解所预期的情况是非常重要的。

2.2.1　契约结构

为表述对契约的正确理解，我现在将讨论与受托人相关的契约的通常结构。请记住，尽管没有两份完全一样的契约，但它们还是会具有基本的相似之处和共同特征。

在不符合 TIA 条件的债券发行中，如市政债券、一些结构性金融债券（ABS、MBS 和 CDOS）和其他私募（规则 144a 证券），虽然有一定的灵活空间，但会出现相同的基本信息。契约结构通常包含以下内容：

目录：针对契约中所包含的内容提供了一个简单的参考。

引述语：本节介绍了导致契约产生的各方和各要素名称。本节包含债券发行的目的，并说明已满足或规定了所有法律要求和授权。

引述语将包括一段或一系列通常以"鉴于"开头的段落，讲述债券发行背后的故事。这是债券收益的目的。与融资相关的任何其他相关文件应以引用方式纳入。发行人将确认遵守与债券发行相关的所有规定。发行人随后将授权发行债券。最后的引述语（尤其是在一个符合 TIA 条件的发行中）将合约表示为"有效的抵押和信托合约"。

授予条款：在本节中，发行人承认债券持有人购买债券，并承担通过债券本金和利息支付偿还贷款的责任。它还列出了属于信托产业（债券的担保）的财产，出于保护债券持有人的利益，将信托产业的全部所有权和权益转让给受托人。

释义：一份完整撰写的合约应包含一份定义清单和所有其他与融资相关的文件。释义让所有阅读者均能深入了解许多契约条款的意图，并使债券发行的管理工作变得更加容易。

债券：本节将概述核准发行的信托契约制度下的债券，或存在多个系列的发行。这里将讨论债券的还款条款，向受托人重新安排保证金，以及认证、登记、转让、取消和更换债券的详细信息清单。

债券形式：将包含待发行的实际债券特定格式，并且所有条款均按照其应出现在实际债券中的方式列出。

赎回：所有可能的赎回类型，无论是可选基金、强制基金还是偿债基金，均应列于此处。

创建信托账户和资金流动：本节将授权受托人设立单独的账户来存放收到的资金。应详细说明资金的存放方式，包括：（1）如何、什么时候以及根据何人的指示转移资金；（2）如何处置每个基金获得的收入；以及（3）在债券发行最终到期时处置基金剩余资金。

投资：本节详细说明了受托人在收到发行人/债务人的书面指示后有权进行的允许投资范围。

发行人与受托人之间的契约：本节将列出发行人同意履行的各种职责，包括：

- 维护保险
- 任命支付代理人
- 向支付代理人支付本金和利息
- 编制交易报表
- 支付受托人费用
- 维持存续状态
- 归档和记录延续声明
- 支付税款
- 提供财务报告和信息
- 提供高级职员证书和顾问意见
- 违约

违约事件：本节列出了构成违约的所有事项，以及受托人在试图补救违约时可采取的补救措施和需要债券持有人同意的行动。典型的违约事件包括：

- 不支付本金和/或利息
- 发行人违反契约以及违约事件发生前的任何补救期（宽限期）（即未收到财务报告）
- 推论文件定义的违约

受托人职责：在本节中，受托人接受契约的条款与条件以及任何特定相关文件。受托人仅对违约前契约中声明的特定行为负责。如发生违约事件，则受托人同意遵守审慎人标准，该标准规定，其应"行使契约赋予的权利和权力，审慎人在行使这些权利和权力时，使用与其处理自身事务时相同程度的谨慎和技能"。受托人可依赖与债券发行相关的意见和文件的真实性，除本人的疏忽或重大过失和故意不当行为外，受托人不承担任何责任。此处列出了受托人辞职和任命继任受托人时应遵循的规定。如果债券发行符合《1939 年信托契约法》的规定，则此处将列出识别和纠正利益冲突的条款。本节还将说明受托人并无契约内未明确规定的默认职责。仅当契约明确规定受托人"将"或"应"收到合规证据时，受托人才需要监督发行人对任何契约的遵守情况。

其他条款：正如标题所示，本节包含的条款不适合其他部分，但对契约的合法性是必要的，包括：

- 对继任人和受让人的约束力
- 可分割性，指如果契约的一部分无效，则其他部分仍有效
- 服务通知的地址
- 契约运作的州法律

签名：这包括发行人和受托人经证实的签名和印章（如果所适用的州法律要求）。

附件：这是证书、意见和支付请求或任何相关报告的实际形式。

2.2.2　关于契约的其他信息

肯定和否定条款以及遵循契约

发行人/债务人的条款有两种基本类型：肯定和否定。肯定条款要求发行人（或相关方）执行某些行为，而否定条款禁止某些行为。以下是一些示例。

肯定性条款

- 要求出具定期报告，如财务报表或违约证明
- 保持充足的保险覆盖率
- 履行服务职责并提供定期活动报告
- 及时还本付息

否定性条款

- 限制派发股息
- 限制产生额外债务
- 要求将营运资本维持在特定水平
- 限制发行人并购

2.2.3　发行人条款示例

履行和撤销：此处列示的条款规定了履行契约和解除顾问抵押品留

置权的必要步骤。

2.3 信托契约中与受托人有关的主要规定：关键问题

信托契约中与受托人相关的主要条款包括：

- 对受托人施加的审慎标准
- 受托人的责任和义务
- 赔偿和补偿
- 解除条款
- 违约条款
- 债券持有人大会
- 共同受托人的注意事项
- 契约修订
- 账户设立
- 投资条款
- 约定事项
- 债券的赎回
- 运营要求
- 继任受托人
- 补充条款
- 高级职员证书和法律顾问意见

Q1. 审慎标准意味着什么？

审慎标准是对于受托人的问责级别。在非 TIA 问题上，受托人更倾向于将"重大过失和有意的不当行为"作为审慎标准。一般标准则是"普通过失"，这意味着如果受托人犯了一个错误，受托人将承担相应责任。

Q2. 受托人应就信托契约中有关受托人义务和责任的哪些条款进行协商？

- 受托人责任和义务应完全由契约的条款所示而定。

23

- 除非契约中有明确规定，否则不应要求受托人确定或查究契约或协议的履行情况。

- 受托人在收到高级职员证书或顾问意见之前无须采取行动。

- 受托人不对其出于善意且认为其授权执行的任何事情承担责任。

- 受托人不对其根据契约条款支付的债券销售收益的使用情况负责。

- 受托人无需以其自有资金承担风险或以个人财务担责。

- 受托人无需在获得赔偿之前采取任何行动。

- 受托人无需采取可能违法或任何会使其承担法律责任的行为。

- 受托人不对其受命于某些债券持有的行为承担责任。

- 受托人在信托中持有的资金，应按照所受资金的用途使用，除法律规定范围外，无需进行隔离。受托人不对其持有资金的利息承担责任。

- 受托人可使用代理，如果聘用时采取了适当的审慎原则，则受托人不对代理的过失负责。

- 在信托高级职员实际知悉情况或收到书面通知之前，受托不承担对违约事件的知情责任。

Q3. 受托人对赔偿和补偿有哪些注意事项？

信托契约应规定支付受托人费用和报销自付费用。费用协议本身应与信托契约分开，且可重新协商。契约应规定受托人的费用，并且其费用有优先于债券持有的索赔权。

Q4. 受托人应关注哪些解除条款？优先债务的存在如何影响次级债券的解除？受托人的赔偿和补偿在解除后是否存在？

- 如果债券发行人受套利税义务或破产优先权约束，则不应解除债务。

- 受托人应依据顾问和独立注册会计师出具的证明，证明有充足的资金解决债务。

- 优先债务始终在次级债务之前解除。

Q5. 受托人对违约条款应注意什么?

- "违约"和"违约事件"的明确定义

- 提前支付债券到期日的条款

- 债券持有人的权利

- 违约后强加于受托人的谨慎标准——审慎人

- 出售抵押物的条款

- 接管人的聘任

- 信托基金的应用

- 通知债券持有人

- 受托人先于债券持有人获得赔偿和费用的优先权

- 发行人向受托人发出的违约通知

Q6. 对契约的修改应该作出哪些规定?

契约应规定受托人和发行人在未经债券持有人同意的情况下可作出的若干修正。包括应对各种不会对债券持有人的权利产生不利影响的变化的修订。

不经债券持有人同意即可修正的情况包括修正存在歧义、缺陷或不一致的内容,任何增加债券持有人担保的附加条款,均无须债券持有人同意。

然而,我谨此提醒,受托人在未征求顾问意见或未征得债券持有人同意的情况下,同意放弃契约条款时应十分小心。如改变明显印刷错误或会计年度中需要改动,均是恰当的行为,只需受托人同意,而无须债券持有人同意。其他任何情况均应谨慎考虑。如有任何疑问,受托人不应签署弃权书,因为这可能会对将来产生影响。

Q7. 受托人在投资管理中需考虑哪些重要因素?

适当的契约描述应表明,"受托人仅应在契约所许可的范围进行投资"。应明确界定投资范围,不应含糊不清。我尤其不喜欢这样的措辞:"对于特定发行,可投资州法律许可的任何投资类型。"用模糊或过于宽泛的法律语言来进行限定,使得受托人可能进行不恰当的投资。

Q8. 受托人对契约中包含的条款的注意事项是什么？

对于任何契约，受托人必须明确要求相关证据。受托人的责任是依据信托契约核对收到的相关契约，但受托人不负责调查或核实所提供的证明。

Q9. 关于赎回债券的重点是什么？

受托人必须审查赎回债券的条款，以确定通知和催缴的日期恰当可行。通过偿债基金赎回债券时，必须仔细审查所有条款，包括赎回债券的方法、发行人为满足赎回条款而可能购买和存放的证券，以及接受要约收购。赎回条款必须明确，才能避免赎回债券时发生错误。

Q10. 会出现哪些运营问题？

当合约各章节之间或合约与融资所涉及的其他法律文件（如贷款协议、抵押或租赁）之间存在冲突时，就会出现营运问题。当合约中关于执行的日期、资金流动和债券赎回存在矛盾时，也会出现其他问题。

Q11. 何为继任受托人？

继任受托人是在原受托人离任后接任的受托人。如果债券持有人或发行人撤换原受托人，或受托人因利益冲突、无力偿债或破产或不能担任受托人而辞职，则需要一个继任受托人。信托契约应规定这些或有事项下，需要一个继任受托人，还应规定受托人的银行进行合并无须发行人或债券持有人同意。

Q12. 受托人必须在什么时候履行契约？

契约是发行人做某事或不做某事的承诺。只有在明确规定的情况下，受托人才必须收到合规证明。换言之，契约或其他信托文件中的语言应表明受托人"应或将收到一个合规项目或者执行某项特定任务"如果保持沉默，则受托人无责任监督发行人以及契约的遵守情况。确保契约清楚的界定受托人的责任，这对于避免受托人不必要的法律责任至关重要。

Q13. 为何契约中有补充条款的规定？

补充契约有点像修正案。分为两类：

（1）需债券持有人同意的和（2）只需要受托人和发行人同意的。无须债券持有人批准的补充条款包括：（1）对契约和协议的补充；（2）消除歧义；（3）提供额外的债券；（4）提供平价债务；（5）提供债券交换。任何对债券持有人有不利影响的补充条款均需获得债券持有人一致同意。

这些情况包括延长债券期限或降低利率。

Q14. 为何高级职员的证书和顾问的意见很重要？

受托人在根据契约采取行动前，必须知道自己可以这样做。受托人必须能够在任何时候，依据契约，要求提供高级职员证明书和律师意见。我们必须依靠这些证书和意见来支持我们的行动。这永远是我们作为受托人在契约下的权利。

Q15. 为何杂项条款很重要？

杂项条款载有若干对受托人应考虑的至关重要的信息。其中列出了下发正式通知的各方地址。受托人必须仔细审查地址，以确保其完整无误，尤其是受托人相关地址。不应使用个人姓名，但充足的信息更加确保准确送达。

一个真实的故事

正如曾发生在我身上的那样，通知一般是根据银行地址发出的。传票已发出，但从未转交给公司债受托人。它被送到了契约中的银行地址，而该地址根本不够具体。毫无疑问，由于未对传票作出回应，我们进行得很不顺利。

杂项章节还包含辖地的法律条款。这对受托人而言很重要，因为其将确定哪个州的法律控制合约，或对于国际问题，哪个国家的法律控制合约。因此，受托人必须熟悉本节中列出的指定法律。

关于附件及其重要性的说明

如果所需的证书、意见、报告和申请的副本作为附件包括在内，这将对受托人有极大的帮助。这消除了受托人收到或待提供的文件是否符合契约要求的"恰当"文件的不确定性。对于受托人而言，审查附件、批注附件，甚至提供可行的样品都十分重要。

2.4　受托人应如何审查契约并就其发表意见的技巧

受托人必须在债券有效期内遵守契约。因此，受托人必须注意认真妥善审查契约和其他相关文件。受托人应阅读其签署的任何文件，这些文件赋予受托人义务或责任。文件审查的两个基本原则：

1. 阅读本文件。

2. 了解你所阅读的关于受托人职责和责任的内容。

这听起来很简单，但文件审查是一项需要适当专注、尽心尽力、反复训练和经验积累的任务。受托人在审查文件时必须有紧迫感。是何原因？因为我们不得不长期受制于这些条款。虽然在特定情况下可以更改条款，但通常需要债券持有人批准和发行人支付费用。

受托人还面临另一个风险。我们通常是在项目的后期加入，即在有关各方就债券发行的结构和特征进行谈判许久之后。因此，受托人所提出的意见通常会遭到否定，因为没有人希望在此时再对融资进行变动。各方也给予受托人审查文件的时间有限。根据我的经验，这个时间可能短至 24 小时。这让受托人的谈判立场有些艰难。令受托人谈判立场更加复杂的是，受托人的正式地位和权力到签署契约后才开始。因此，受托人进行适当的文件审查需要技巧和勇气。

在一小时内查看契约的技巧

以下建议能帮助受托人在此过程中更有效。多年来，我作为受托人阅读了成千上万的契约和文件，采用并亲测了这些技巧。如果你按照我的建议，你将能够在一个小时内有效地审查契约或任何信托文件。此外，你还有了备忘录（提醒）。这是否值得？绝对是这样。

1. 培养最初的心态：

- 在安静的远离电话的地方审查，以防受到干扰。

- 在一天中"最好"的时候——当效率最高的时候审查。

- 清除头脑中的外界干扰，专注于文件。

- 了解债券结构及其运作方式。

- 从发行人的角度出发了解融资的目的。

- 了解投资者在还款安全性方面获得的收益以及他们期望监控的风险。从债券持有人的角度换位思考，想想他们期望获得的服务和保障。

- 列出融资各方，包括：

a. 发行人/债务人；

b. 公司；

c. 受托人或代理；

d. 其他各方。

2. 确定你的系统记录意见：

- 请勿记录在单独的纸上，以免丢失。

- 请勿在页面上使用便利贴，因为可能会滑落或丢失。

- 在文件封面上列出页码和简要说明。

- 在出现表述问题的每一页上列出更多的意见。

- 将受托人文件中的表述与你的清单进行比较。

- 让你的意见简短而有意义，避免诸如"哇"或"这永远不会有作用"或"这太傻了"之类的评论，这些会让你在诉讼中一败涂地，我尤其建议你不要保留这些草稿。

- 对不了解的短语或现金流量标记"？"，但需在意见明确后处理草稿，以及在完成后处理。请勿保留。为什么？再次强调，可能引发诉讼风险。

- 如果文件以电子邮件的形式，可在单独的 Word 文件上或通过手写笔记来记录意见。然后将其转交给顾问。

- 如你有一个律师代表你（一个好办法），向律师转达意见，让顾问与债券律师沟通。

- 尝试协商免除你作为受托人的棘手或不必要的监督责任。

- 明确你将接收的内容、时间和向你发送的对象。

- 高级职员证书应为直接声明，签署这些证书的当事人应该向你提供一个在职证明。

- 尝试协商取消保险要求。如果对方坚持，提供一个没有细节的保险经纪人的意见。这里，越多的细节会给银行带来更大的风险和责任。

- 担保权益应由发行人维护，而非银行或受托人或代理。然而，如果你作为受托人必须提交《统一商法典》（UCC），请直接说明。

- 在浏览契约时，用"T"标记每个难点以作为标识，并在契约封面上注明页码和你的评论。

评论/语言

评论类型可分为三类：（1）管理；（2）运营；（3）法律。以下是你应当关注的语言示例。

管理评论提示

- 现金流量：画一幅图，确保现金流无缺口或中断，直至顺利结束。

- 投资：将允许投资的范围与投资部分进行比较，确定不一致之处。并按要求以书面标准形式表示。需提及自己的货币市场基金或银行投资产品。

- 契约：查看合约部分，仅认真校对说明受托人或代理"须或将"收到的部分。如未作记述，则你没有责任接收。

- 电子邮件形式：说明文件中允许使用电子邮件或电子指令。

运营评论提示

- 确保明确定义付款日期。

- 确保存在记录日期。

- 如果银行作为支付代理接收资金，请要求其在支付日期前 5 日付款（如果以支票付款）。

- 具体说明丢失或失窃的安全条款。

- 如有需要，必须明确说明向购买人或持有人返还资金。

- 有关现金和投资活动的声明应定义为什么时候以及如何进行。发行人是否可接受电子形式的通知？

- 应列出债券面值。

- 如有需要，应明确说明限制转让的要求（如私募）。

- 具体说明赎回、偿债基金和摊销条款。债券的选择过程应通过随机抽签或受托人或代理认为合适的公平方法进行。标准的就是 30 天的通知要求。

- 应计算利息付款和天数（实际或债券年度）。应指定实际天数，365/365 或 30/360。

- 电汇回拨：说明指令中包含回拨程序，要求发行人或第三方遵守银行回拨程序，以验证支付指令。

法律评论提示

- 应有一项赔偿条款，使得受托人或代理人能够在行动前从发行人或债券持有人处获得赔偿。

- 受托人应该能够依相关意见和证书，无须查看、调查或核实。

- 受托人可依据指令行事，并可要求提供此类指令，而发行人或债券持有人均不得无理拒绝。

- 受托人可聘请法律顾问（费用由发行人承担）提供意见；相反，受托人可声称缺乏相关技能。

- 受托人应查看监管法律：您想要的、理解的或可以接受的法律。

- 担保权益必须由发行人维护，并分配至受托人。《统一商法典》备案可作为一个例外情况。

- 如果银行未得到充分保护，则受托人无须被扣押财产，以保护其免受环境法风险的影响。

- 破产分配中，受托人有优先权要求支付费用和开支。

- 受托人有权获得合理的费用和开支。

- 受托人可以辞职或寻求法院任命继任人。

- 受托人要求发行人或债券发行的其他第三方根据受托人要求提供信息，以便受托人遵守《爱国者法案》要求。

谈判提示

- 聘用法律顾问作为代表。
- 让你的法律顾问与债券顾问直接谈判。
- 争取律师与律师会面的安排，因为这是最强有力的谈判立场。
- 列出三组评论。

  - 可放弃：这些声明明确到位，但你可不采用。示例：重大过失与疏忽。

  - 实质性评论：需要澄清的不一致、错误或含糊之处。示例：定义中的允许投资范围与契约条款不匹配。另一个例子是记录日期不一致。

  - 交易的风险点：你需让对方接受这些意见，否则你无法根据书面信托文件提供服务。例如，文件表明你必须是候补服务商，但你无法担任该职责。因此，你应能够聘请一位代理，以代表你履行该角色。

- 如果承销商告知你，由于最初的招股说明书或官方声明已经准备好，现在更改为时已晚，那么回应他们，可以随时附上披露文件。

- 如果发行人的律师或债券顾问表示进行更改已为时过晚，那么让他们同意"附函"，并将其作为文件终稿的一部分。

- 坚强、直接、自信、理智。请记住，你站在你的银行与诉讼黑洞之前。这里的言辞有些戏剧化，但很写实。
- 为了保护你自己和你的银行，你有责任仔细审查文件。这关系到你的工作。只需一笔不当交易就能损害项目和你的银行。

其他有用提示

- 力求清晰不含糊。
- 谈判用语要清晰、直接。
- 如果你不理解陈述的内容，现在就问清楚。在随后的日子或诉讼中再问，可能为时已晚。
- 在你浏览文件时，标识难点。
- 如有疑问，添加难点标记，以免遗漏责任。
- 请记住，数年时间内，你、你的银行或你的继任人将不得不使用此文件，因此，请确保其准确性和可变性。
- 澄清修订和弃权条款，以便您了解文档的具体更改方式。

受托人关注的热点契约问题

以下为受托人近期关注契约保护和发展趋势的一些示例。

扩大违约前责任：注意契约中规定的新条款，扩大受托人的角色以承担新的责任。例如，受托人需对第三方（例如抵押担保债券发行中的服务机构）的行为承担更多责任。尽量限制新的责任或聘请代理人按要求履行其他职责。

无隐含责任：这是我最喜欢的对受托人的保护之一，但其约束力正在削弱。为安全起见，请通过链接你希望避免的责任，在"无隐含责任"中加入特定条款。一个示例是明确规定受托人不得审查财务报表。

违约后审慎人标准与受信人审慎标准：审慎人标准涉及更高程度的控制和自由裁量权，但不达到受信人级别。保持警惕，避免提及任何受信人。契约应明确说明审慎标准为审慎人标准，而非受信人标准。

可依赖专家意见和高级职员证书：对于受托人依赖于符合契约要求的专家意见和证书的行为，应予以保护。如无恶意，受托人无须对任何意见和证书的有效性进行核实。但发行人和债券持有人正在挑战这一规则，因此，受托人必须进行自我保护，避免一些条款所带来的责任，如规定对意见和证书背后事实的核实或审查责任。

实际知悉：在无发行人或第三方特别书面通知的情况下，受托人何时才会获知某一事件？当今，电子媒体和报刊上的信息传播更加广泛；这侵蚀着构成受托人实际认知体系的传统契约条款。法院正在采用一种新的意识标准。受托人必须通过制定契约保护条款，要求将事件的书面通知作为实际知悉，以保护自身不受这一意识标准的影响。

契约的合规性：受托人究竟什么时候停止负责监督发行人契约的合规性？受托人应非常具体地说明其负责哪些契约条款。不承担任何"隐含的义务"标准如下：除专门要求接收的契约项目外，受托人将不须承担责任。

关于范本契约

为简化契约的起草工作，美国律师协会（ABA）和全国债券律师协会（NABL）起草了两种契约范本。

ABA契约范本适用于公司债契约，而NABL契约范本则专门用于市政债契约。由于多种债券融资将采用此类范本，因此受托人了解这类范本是十分重要的。

受托人必须仔细审查此等契约并给出恰当的意见。在使用此类范本时，受托人须认识到，采用范本可以加快契约起草过程，从而节约发行成本。因此，在这种情况下，受托人被预期不应有很多意见（如果有的话）。受托人还必须记得，法律界在考虑其客户（发行人，记住不一定是受托人）角度的基础上，起草了契约范本。尽管受托人的法律顾问为契约范本起草提供了意见，但这些现行文件的起草显然是考虑到发行人利益和投资者观点，而非受托人观点。

受托人应如何应对契约范本的条款

即使契约效仿范本起草，作为单独项目的文件，受托人仍须继续审查契约。为什么？因为很可能存在影响受托人角色的差异。请记住，契约范本仅作为指导文件。并无法律强制要求将其条款纳入任何契约之中。起草契约的债券法律顾问可修改范本条款，也可选择性地使用部分内容，而忽略其他部分。因此，无论有无范本，受托人仍需仔细审查文件。

受托人应注意，契约条款的总体发展趋势反映了机构投资者日益增长的影响力和关注。受托人必须时刻保持警惕，确保契约具备以下关键保护措施：

- 在和解情况下对受托人费用和开支的优先索偿权
- 采取行动前保护受托人的适当赔偿条款
- 受托人无隐含责任——仅承担具体规定了的责任
- 可以依赖受托人认为有效的意见和证书的权利
- 聘请律师和专家并为此付费的权利
- 没有义务确定债券的实际受益人或确保受益人收到通知

这些是机构投资者越来越积极修改或取消的领域。这令受托人在谈判上处于艰难境地。我们希望得到业务，但我们同样希望获得传统的保护措施，在这个诉讼纷扰、起伏动荡的证券市场中，降低法律风险和业务风险。实力雄厚的机构投资者一马当先，逐步占据市场的主导地位。受托人这一行业无法承受这些保护措施被摒弃而带来的后果。契约范本反映了如此的发展趋势，受托人应对此加以关注。

2.5　影响受托人的其他信托文件

信托管理人也会遇到一些其他的信托文件。比如：

债券发行决议：对市政债券发行人而言，债券发行决议是发行债券的管理文件。这是一份由市政官员制定的债券授权决议。

抵押品或设备信托协议：本协议描述了抵押品的性质以及存放、更换、监督和返还抵押品的各种规定。例如，抵押品可以是飞机或火车。

托管协议：该协议规定了托管人代表第三方持有资产的责任。

联营和服务协议：该文件详细说明了在结构融资发行中为资产提供服务的条款与条件。

私募发行备忘录或债券购买协议：这是一份投资者和承销商为在一定条件下通过私募方式购买债券而签订的协议。这些协议有时可能会提及受托人责任。

第三方保管协议：这是一份由两方或多方出于某一特定目的签订的协议，而银行作为第三方保管代理，按照指示持有及分配资产或证券。

信息披露协议：根据 SEC 规则 15c2 - 12，该协议指定受托人作为发行人的信息披露代理，在证券市场进行信息披露。此协议也可称为"信息披露协议"。一个有趣的想法是，由于根据法规，信息披露信属于发行人应承担的责任，因此不应将此协议称为信息披露协议，同时由于我们所扮演的唯一角色是代表发行人向 EMMA 传播信息，因此该协议仅能被称为"传播协议"。

贷款协议：这是发行人与借款人为了特定目的将债券收益借给借款人的文件。受托人并非协议的签署方，但在贷款协议中通常规定受托人必须扮演监督角色。

包括财务报告、保险要求或《统一商法典》文件中均有此类要求。

租赁协议：这是租赁工厂或设备的一方与设备的所有者之间签订的协议。受托人不签署该协议，但同样，租赁协议中可能有某些文件契约（如保险凭证或财务报告）必须经受托人审查。

CDO 发行中的抵押品经理人协议：该协议文件描述了抵押品经理人的职责。这可能会影响受托人作为接收人，得到管理抵押品的抵押品经理人所提供的报告。

服务商协议：用于结构融资发行，这是发行人和负责维护资产（如抵押贷款、应收款项等）的机构之间的协议。尽管受托人未签署该协议，但依然受到该协议影响。该协议要求向受托人提供服务机构报告和财务报告。

再售协议：这是再售代理人（RA）与债券发行人之间的协议，通过该协议，代理人可再售债券或设定浮动利率需求债券的利率。

招股书或发行声明：招股书或发行声明是由承销商编制的披露文件。根据 SEC 公开发行证券规则（SEC 第 15 条规则），本文件适用于投资者。受托人群体对于受托人是否应阅读或评论该文件存在争议。显然，法律没有要求受托人必须这样做。受托人不是这些文件的参与人。招股书适用于公司债发行。发行声明（OS）或发行通告（OC）适用于市政债发行。

然而，对于结构融资问题，受托人积极审查招股书中的现金流情况是行业惯例。这是信托行业普遍认可的做法。

三方协议：这是离任受托人、继任受托人和发行人之间签署的协议，将债券发行从离任受托人转移至继任受托人。

根据融资的性质，还有其他协议可能成为某种债券发行的一部分，而上述协议较为常见。受托人必须从契约开始仔细审查所有相关文件（我们签署的文件或其他与受托人责任相关的文件），目的是了解受托人的责任和义务。此外，受托人必须确保适当的赔偿和保护条款已齐备，并在相应的文件中说明。受托人不对这些披露文件的内容负责，也不负责起草这些文件。

结论

受托人对契约和相关文件进行彻底审查方面的作用不可替代。这是一项艰巨的工作，不会因为受托人在后期介入而变得简单。究其原因在于时间紧迫。简要概括出审核提示将有助于受托人集中精力，最大限度地提升审核的效率。

章节摘要

- 契约是受托人审查和了解的关键文件，以定义受托人在债券发行期间的角色和责任。
- 受托人契约的关键部分包括债券发行受托人的运营和监督责任（即利率、支付频率、资金流动、账户设立、投资、赎回和偿债基金、其他发行人契约、受托人义务和违约）。
- "无隐含义务"等契约需关注的热点越来越多，受托人在考虑时必须时刻保持警惕。
- 关键文件审核提示有助于在一小时内高效地审查契约或其他信托文件。在无干扰情况下，以一天中最好的状态专注地进行审核。如果你遵照我的技巧，一个小时即可完成。

案例研究

你正在审核一家公用事业公司的补充契约，该公司是你的主要客户。你注意到在破产中受托人的赔偿费用优先索偿权列在债券持有人之后，这是无法接受的。受托人应优先获得赔偿。你就这种情况联系债券法律顾问，他们告知你这是以往发行契约的惯例，他们不会对此进行变更。

你会采取什么行动？

回答

你应参考先前的补充契约。在先前的补充契约中，你会发现受托人的优先索偿权实际上处于第一顺位。不用去指责债券法律顾问是骗子，你应该专业地回应，先前的补充契约中已经证实了受托人的优先权。你要求在新的补充契约中使用同样的条款。

这种情况在我身上发生过。债券法律顾问道歉并表示，发行人是"很难对付的客户"，他们会转而向发行人为我们争取权利，结果他们成功了。从中汲取的经验是，作为受托人，你必须始终仔细审核契约，并勇敢质疑对你产生影响的条款。不要害怕辩论，坚守底线。记住，你需要在未来很长的一段时间内遵循该契约。

第 3 章

《1939 年信托契约法》

导言：华盛顿特区—1995 年

能够在国会上为国家资本陈述证言，令人既恐惧又兴奋。1995 年，我代表信托行业在众议院商业委员会上陈述受托人的观点。我的辩护集中在提请废除《1939 年信托契约法》（TIA）的立法提案上。向众议院商业委员会陈述时，我并没有被闪光灯环绕着来到委员会面前，而是被带到了众议院的一个旁听席。在这里，我向委员会的三名工作人员陈述了我的观点，而他们也将向委员会的代表汇报他们所听到的情况。

面对聪明年轻的工作人员，我回答了他们关于受托人在债券发行中的角色等问题，并探讨为什么受托人所提供的服务对于证券市场的有效运行是必须且至关重要的。我尽力实事求是、真实、诚实，并充满激情地宣扬受托人和 TIA 的重要性。此外，我认为信托契约法对于达成发行者和投资者的目标也是一部必要的法典。我尽可能地找到更多的理由以反对信托契约法的废除。

讨论持续了两个半小时后结束，我起身准备离开，在感谢了工作人员为我们所作的考量后，我问了最后一个问题："我很想知道是谁发起了这场废除《信托契约法》的运动。"虽然我先前曾猜测过是谁会反对受托人依据该法案而继续存在。但我仍然被工作人员的回答而震惊了。他们转身对我微笑，解释道："哦，你不知道吗？是你的客户。那些'机构投资者'客户，是你负责保护的债券持有人，他们认为你既不愿意也没有能力作出迅速反应来保护他们的利益，又不去隐瞒赔偿金额。"

我惊呆了。我感谢他们所做的一切，带着新的认知离开国会山。工作人员所说的是否属实？我永远不会忘记他们所说的话，并将一直保持这样的定位：一个好的受托人必须积极主动、及时采取行动，且始终站在其受托保护的债券持有人的立场来考虑——无论他是机构还是个人。

最终，《1939 年信托契约法》（TIA）未被废除。我希望相信是我出色的证言带来了转机，但我对此表示怀疑。我也相信废除 TIA 的危机有朝一日可能会卷土重来。如果我们作为受托人忘记了我们的真正目标——保护债券持有人——那么，这种问题可能再次出现。我永远不会忘记那日在美国众议院侧厅，我那种震惊、难受的感觉，至少表明有人认为受托人不能完成他们的职责。作为受托人，我们所有人均有责任去破除他们的误解。

章节目标

本章将讨论根据《1990 年信托契约修订法案》（TIRA）修订了的《1939 年信托契约法》（TIA）。

要真正了解受托人在债券融资中的作用，至关重要的是对定义受托人角色的法律有一个基本的了解。对受托人影响最大的法律是根据

《1990 年信托契约修订法案》（TIRA）修订的《1939 年信托契约法》（TIA）。在审阅这些法案时，我着重于它们如何诠释受托人的责任，以及为什么资本市场需要受托人。

本章将集中讨论三个要点：

1. 修订《1939 年信托契约法》的目的和历史

2. 在《1939 年信托契约法》之下，受托人应明确的责任

3. 《1939 年信托契约法》的影响与证券市场受托人角色的演变

3.1 修订《1939 年信托契约法》的目的和历史

要了解制定《1939 年信托契约法》的目的以及国会颁布该法案的原因，我们必须首先了解 20 世纪 30 年代初颁布基本证券法的意图。《1933 年证券法》旨在保护投资大众免遭欺诈。该法案还旨在通过建立证券发行、购买和出售的基本准则，以恢复和提升投资者对证券市场的信心。20 世纪 30 年代初，立法者的首要意图在于增加市场信息的透明度。通过规定向投资者和做市商及时、准确地进行信息披露，证券法提升了市场参与者在信息更为充分的条件下进行投资决策的能力。

因此，保护投资者是《1933 年证券法》的重点。具体而言，该法案要求：

- 通过招股书（公司债）或官方声明（市政债）首次披露拟发行证券的相关信息；和

- 持续披露重大信息。

《1933 年证券法》被称为"真相证券法"，因为起草人的意图是在证券市场上披露真实情况。《1933 年证券法》的这一目标随《1934 年证券交易法》的颁布进一步加强，该法案设立了证券交易委员会（SEC），以监督执行《1933 年证券法》的规定。

有意思的是，《1934 年证券交易法》的真实目标和 SEC 保护投资者的初衷，在法案诞生以来的 80 多年间不断强化。由于受托人在保护债

券持有人方面发挥的关键作用，这种加强也涉及受托人。2008年经济危机无疑使债券持有人面临更大的违约风险，从而令受托人的作用变得更加重要。

通过《1939年信托契约法》的原因

即使在1933年和1934年《证券法》通过后，国会对证券和银行业的持续调查主要关注于投资者保护上。大萧条期间，大量美国公司债券发生违约。显而易见，在债券投资人保护上需要进一步的措施，毕竟债券持有人是其所投债券的公司的债权人。

虽然一些公司委任银行作为其债务的受托人，但这种做法并不广泛。即使受托人被聘用，他们的权力也非常有限，被授权的范围有限。他们的责任受到契约中宽泛的免责条款的严格限制，这实际上使得受托人仅仅成为诉讼的旁观者。免责条款极大地限制了受托人的责任，且未授予受托人在违约时采取必要行动保护债券持有人利益的权利。

债券持有人在行使其作为债权人的权利时显然需要保护和帮助。因此，负责监督证券法的国会委员会提出了新的法案，以补充SEC 1933年为保护投资者所实施的《证券法》。

其结果是对《1933年证券法》进行修订，即1939年8月3日颁布的《1939年信托契约法》（TIA）。其开启了保护债券持有人的新时代。这也是当今受托人职责的基础。

《1939年信托契约法》（TIA）的意图

该法案旨在建立一个保护债券持有人利益的机制，即通过规定委任官方受托人来实现。在1939年前，任何债券发行均无须受托人，尽管发行人和投资者已开始寻求正式的受托人为其债务发行提供服务和保护。然而大萧条期间发生的违约事件显示了这一角色的定义并不明确而且基本上是无效的。TIA的关键目标：

- 规定某些债券发行需委任正式的受托人；

- 规定银行和其他机构作为受托人应具备的资格；
- 规定需要受托人的债券发行以及对 TIA 要求的豁免条件；
- 正式规定在 SEC 注册一份符合 TIA 要求的信托契约，并遵循 TIA 的披露要求和监管；
- 规定受托人必须回避的利益冲突；
- 确立受托人的职责和责任，赋予他们采取行动和履行法定责任的权力和权限；和
- 设立一个正式的谨慎标准来管理受托人的行为——审慎人谨慎标准。

总体而言是要求在面向公众发售债券时聘任一名受托人。鉴于公开发行的公司债券面临最高的违约率，国会决定采取必要的保护措施。

国会希望一个正式的专业机构——银行来履行受托人的职责，以保护公众投资者。其原因是什么？因为此类组织：

- 监督发行人是否遵循信托契约；
- 作为中间人来管理支付和处理债券发行的运行；并且
- 当违约发生时，站在债券持有人的立场上来捍卫他们的权益，为债券持有人进行追偿。

专业受托人提供服务必须满足一定的规定。主要根据 TIA 的规定，如今受托人有权力和职责采取一定的行动来保护债券持有人的利益。这是美国证券市场发展历史上的一个里程碑。在 70 多年的发展历史中，TIA 一直致力于规范债券融资中受托人履行其职责的标准。

《1990 年信托契约修订法案》（TIRA）

《1990 年信托契约修订法案》（TIRA）于 1990 年 11 月 15 日颁布。TIRA 的主要目的是使五十多年来一直没有更新的 TIA 与时俱进。通过允许银行作为受托人向信托客户提供承销、出借和各种其他银行服务，而之前为避免利益冲突而被禁止。这些变更将 TIA 带入了新时代。

J. P. Morgan，美国最大的受托人之一，探寻为其公司客户提供多

样性的银行服务，推动了 TIA 的现代化。随着《1998 年格拉斯——斯蒂格尔法案》的废除，银行可以进行证券承销，这种在 TIRA 颁布前被认为有利益冲突的业务。

随着 TIRA 的通过，对于 TIA 的变更有：

- 将原第 310（b）节的利益冲突变更为仅适用于违约后的情况。

- 增加了一个新的利益冲突条款——关于贷款的第 310（b）（10）节。如果受托银行向发行人/债务人贷款，同时担任其受托人，这被认定为一个违约后的利益冲突。

- 如果该国与美国有互惠关系，该国受托人则可在美国担任受托人。这意味着如果美国受托人作为德国债务发行的受托人，则德国银行可作为美国债务发行的受托人。

- 将第 313 节要求受托人提交年度受托人报告的规定变更为，仅当受托人在发行人/债务人处的职位发生"重大变更"时，才要求受托人提交报告。这在很大程度上免除了受托人提交敷衍了事的年度报告，但并未完全免除受托人需要进行的年度冲突检查。受托人必须确定如果受托人、发行人/债权人和承销商之间存在重大冲突问题，是否发送年度受托人报告给债券持有人、SEC 和债券上市的任何交易所。

- 现在，所有 TIA 认证的契约均作为引用纳入信托契约中。信托契约不再需要纳入所有 TIA，从而缩短了契约的长度，节省了成本。然而债券发行的各方必须认识到，即使 TIA 未实际记录于契约中，契约仍包含了 TIA 应有的全部内容。

- 发行人/债务人需要向受托人提供一份年度的正式无违约证明，说明发行人/债务人是否存在契约定义的违约情况。

- 与《破产法》的优惠期一致，第 311 节的优先债权条款从 4 个月缩短到 3 个月。

- 任何合格公司或金融机构均可担任受托人。而不必像 1990 年以前那样只能是银行。

TIA 的 TIRA 修正案旨在使 TIA 与当前安全行业惯例和标准更加紧

密地保持一致。TIRA 还力求节省成本（例如，通过允许将 TIA 作为引用纳入契约中），并通过大幅消减年度受托人报告来提升 TIA 的效率。然而，TIRA 带来的最重大变化是，鉴于某些利益冲突使受托人丧失了受托人资格的情况仅在违约后发生。这为银行为其同时担任受托人的公司提供包括承销在内的更为广泛的服务开辟了道路。这给银行带来了更多的商业机会，无须担心作为受托人而发生利益冲突。

本章的剩余部分中，我将提及 TIA，你需要理解它包括 TIRA 通过后制定的所有修正案。受托人不应混淆这两者，TIA 是经 TIRA 修正的执行法案。他们不是独立存在，而是一个整体。

3.2 受托人应了解他们在《1939 年信托契约法》（TIA）下的责任

这一章节将重点介绍每个受托人都应该了解的 TIA 最重要的部分。附件 A 中提供了一份关于 TIA 的快速参考指南，提供了每个部分的简要定义。对于每个受托人而言，熟悉 TIA 所要求的职责至关重要。为什么？因为许多职责成为了各种债券发行中的标准要求，因此不需要在 TIA 下注册，而是在起草契约中纳入。

让我们仔细查看 TIA 关键部分，以了解其对受托人的影响。

《1939 年信托契约法》（TIA）总结

如上所述，TIA 是《1933 年证券法》的修正案，由 SEC 执行。这就是 TIA 从第 301 节开始，到第 328 节结束的原因。这是对《1933 年证券法》的补充。

豁免债券（第 304 节）

TIA 不适用于以下债券：
- 美国和外国政府发行的债券均不需要受托人。包括联邦政府、州政府或任何市、县或州的其他州政府分支结构发行的债券。因此，美国政府短期国库券、中期国库票据、长期国库债券或机构债券、GN-MA、FNMA 和金 FHLMB 不需要受托人。此外，市政债券无需受托人。所有人均免受 TIA 的约束。

- 存款凭证（CD）、商业票据（CP）或任何少于 18 个月的短期票据均免于 TIA，也不需要任命受托人。
- 私募发行无需受托人。
- 股票发行无需受托人。
- 发行人发行的 1000 万美元以下的证券（代表全部债务发行）可免除。

除非资产支持证券由纯债构成，其通常被认定不受 TIA 约束。SEC 已发出"不采取行动"的信函，表明资产支持证券（如股票发行）不具有固定的义务，因此不受 TIA 的制约。换言之，许多资产支持证券仅仅令持有人有权获得应收款项的任何金额，而非具体的回报，或者向持有人提供证明，其在构成信托的特殊目的机构（SPV）中的不可分割权益的证书，因此这些权益可能不构成标注在 TIA 下的债务。最近有一些法院判决对资产支持证券的概念提出质疑，认为其属于 TIA 的规定范围，尽管这些产品是专门为免除 TIA 而设计。我不赞同这种令人不安的趋势。如果发行的债券在设计上避免 TIA，就不应在事后将其纳入 TIA 的规范下，因为这可能导致根据不同的契约条款采取行动的受托人承担不必要的责任。

根据《证券法》（第 305 节）债券发行需要进行登记。为达到 TIA 中的"合格"标准，发行人必须进行契约登记，据此契约向 SEC 申请发行债券，通过向 SEC 提交一份 S-1 登记声明来完成。这通常在债券发行前 30~45 天进行。发行人有责任提交 S-1 并对债券进行认证，使债券发行成为一种"合格发行"。S-3 提交用于缓行注册，将在第 8 章讨论。

受托人的资格和丧失资格（第310节）

第310节是 TIA 的两个最重要的部分之一，另一个是第315（c）节，该节将审慎人标准确立为受托人的行为标准。第310节涵盖两个方面：受托人的资格和利益冲突。

本节旨在为受托人确立正式的基本标准，并提供指导原则，以确保受托人不轻易妥协，可以按自己的想法采取他认为的最佳方案来保护债券持有人的利益，不受到影响其判断的利益冲突制约。定义有行事权、不受任何利益冲突的束缚的专业受托人，是 TIA 的重要组成部分。而他们保证了投资者的利益得到专业保护。

资格认证

受托人必须：

- 是经一个或多个州授权行使信托权力的机构；和
- 至少有150000美元的资本和盈余。

导致取消资格的利益冲突（第310节［b］［1－10］）

第310（b）（1－10）节规定了十种特定情况下，当证券发生违约，则利益冲突将导致受托人丧失资格。这里默认违约是指契约中定义的违约事件。在违约发生前，这十种利益冲突情况并不影响受托人的任职资格。一旦受托人意识到违约后的利益冲突可能导致取消资格，受托人必须在90天内选择免除利益冲突或辞去受托人职务。通常受托人会因为利益冲突不可避免或不会在90天内得到解决而被迫辞职。几乎可以肯定，未能及时解决利益冲突或致辞，将导致债券持有人起诉受托人担负责任。在极少数情况下，受托人可能会从 SEC 获得一封"不需行动"的许可，中止其的辞职义务。只有在违约事件可在合理时间内得到解决或免除，而且免除辞职不与债券持有人的利益相冲突，才允许中止辞职义务。

TIA 第 310（b）节中定义的利益冲突可归纳如下：

- 首先，如果受托人是同一发行人/债务人发行的另一债券的受托人，并且负债水平不同，将会导致潜在利益冲突。例如，银行是有担保债券发行的受托人，也是同一发行人/债务人发行的无担保债券的受托人。

- 其次，在受托人同时也是发行人的承销商、承销商的控制人或承销商为控制人时，可能会发生潜在利益冲突。

- 再次，潜在利益冲突可通过多种形式，如受托人和发行人之间通过普通职员、董事或股东以及通过股权产生共同控股或共同所有权。受托人直接或间接持有发行人股票以及发行人直接或间接持有一定比例的受托人的股票时，潜在利益冲突也会发生。

- 最后，如果受托人也是发行人的债权人，也存在潜在利益冲突。

对债务人的优先索偿（第 311 节）

在付款违约或其他违约事件之前的 3 个月，受托人可能代表债权人收取款项放入特别账户作为预留资金。这是仿照《美国破产法》中类似条款制定的优先债权条款，旨在防止不道德的债权人从债务人或潜在债务人公司抽取资金，从而损害了其他债权人的利益。如果受托银行也是发行人/债务人的贷款人，则银行的受托方和贷款方必须仔细审查第 311 节。为避免根据第 311 节规定而受到起诉，这理由足以让受托人在潜在违约之前辞职。

债券持有人名单（第 312 节）

这部分很重要，因为其旨在满足债券持有人的关键需求：能够获得持有人名单，以便在破产清算时在持有人之间进行沟通交流。在 20 世纪 30 年代，这个问题十分突出，因为没有任何机构或个人负责保存持有人的名单，因此债券持有人无法凝聚在一起。如今，显然受托人担负了这个责任。

该节规定，任何 3 个及 3 个以上的债券持有人便可要求受托人提供债券持有人名单，受托人要在 5 个工作日内完成。在当今社会，当证券以簿记形式在存管信托公司（DTC）中，受托人只能提供 DTC 的"参与者名单"，但不能确定真正的受益人。

然而，如果受托人有实物债券，并因此保存有债券持有人的姓名和地址的记录，则本部分将变得有意义。

受托人报告（第 313 节）

本节涉及有关受托人年度报告内容，但自 TIRA 通过以来，只有在利益冲突发生重大变更时才需要提交年度报告。这些/情形包括：

- 第 310（b）（1－10）节下规定的表示受托人与发行人之间的关系发生任何重大变化的利益冲突；
- 受托人未支付的任何预付款（即贷款）的总额超过未偿本金 1% 的 1/2；
- 任何重大贷款或信贷额度；
- 受托人为发行人持有的财产和资金的变动；
- 产权释放或替代的变化；
- 指定受托人为同一发行人/债务人发行的其他证券的受托人；和
- 受托人对信托债券产生重大影响的任何行为。

如果受托人必须编制年度受托人报告，则必须将该报告发送给债券持有人、SEC、发行人和债券上市的交易所。

这一章节的意义在于，受托人必须持续监督 TIA 下的潜在利益冲突要求，以及按要求提供受托人的年度报告。受托人不能忽视该章节内容，并且想当然地认为不需要提供这一报告。

令人沮丧的故事

我在纽约的一家大银行担任受托人，当时我主持一个培训课程，阐述了 TIA 中年度受托人报告的规定。其中一名经理发表看法，"我认为是否检查利益冲突存在或发送受托人年度报告无关紧要。我没发现如此做的意义何在"。我被震惊了。甚至感到血压上升，我回应说这是联邦法律（TIA）的一项要求，即如果发生某些重大事件，受托人仍需按照法案规定提交年度受托人报告。不提交将违反联邦法律，更不用说违反信托契约了。

我不想以"谁在乎"的立场在法院为受托人辩护，这事显示了误解 TIA 本质要求的危险。我理解你消减业务成本的需要，但是您不能仅仅因为它看起来并不重要，而放弃法律和契约规定的义务。我向你担保，遵守 TIA 十分重要。

债务人报告：遵守契约条款的证据（第 314 节）

本节对受托人很重要，因为它建立了提供给受托人的报告。受托人的部分职能是监督发行人遵守 SEC 和证券法的披露要求。因此，受托人必须建立适当的备忘录，以明确什么时候收到报告。

需发送给受托人的报告：

- SEC 要求的财务报告：
  - 10K——年度报告
  - 10Q——季度报告（前三个季度）
  - 8K——重大事件报告（8K 仅在发生重大事件时提供，如破产申请，因此无法预测）
  - 10D——服务商报告
- 发行人向市场提交的年度财务报告以及发行人年度财务报表的会计师证书
  - 年度无违约证明
  - 发行人需要向 SEC 提交的任何其他报告。

受托人必须确保监督这些报告的接收情况。接下来的问题是，一旦收到报告，受托人应如何处理。受托人是否应进行审阅？该问题将在风险管理一章（第 7 章）中讨论。就目前而言，读者应假设受托人至少必须收到所需的报告。目前的行业惯例是，受托人可访问 SEC 的 EDGAR 网站，在该网站上归档并打印报告（仅限首页），作为获取报告的凭证。

受托人的职责和责任（第 315 节）

这是 TIA 中第二重要的部分。为什么？因为这一整节确立了受托人的行为标准。第 315（a）节有两项非常重要的受托人保护条款：

1. 受托人对履行契约规定外的职责不承担责任。这就是我所说的"无隐含责任"条款。它可以保护受托人免于对契约中未直接阐明的模糊职责担责。在如今诉讼盛行的现代社会，这是对受托人的重要保护。

2. 受托人最终可依赖其收到的陈述或意见的真实性。这非常重要，因为这意味着受托人不需要审查他们收到的陈述和意见，可直接接受这些报告所陈并受到保护。受托人必须审查根据第 314 节收到的报告/证书，以确定这些文件是否符合契约条款的要求。显然，这需要受托人的诚实信用。遗憾的是，如果受托人明确知道其收到的信息是错误的，他们就不能视而不见，继续依赖报告表面的陈述。关于这一点，将在违约和风险管理章节（第 5 章和第 7 章）中详细介绍。

第 315 条至关重要，是因为它赋予受托人明确的责任，即违约发生后的 90 天内向债券持有人及时发出违约通知。受托人不能只是"停留"在通知上，而是必须在 90 天内将其送达给债券持有人。本节确实允许受托人保留此类通知，如过认为这样符合债券持有人的最大利益。我强烈建议受托人在这样做之前，必须收到法律顾问的意见，并咨询银行的高级管理层和受托人委员会。

第 315（c）节规定了受托人在违约情况下必须使用的审慎标准。这是审慎人谨慎标准。这仅在契约规定的违约事件发生时才有效。该节内容如下：

当违约发生时（正如契约中定义的术语），受托人应行使信托契约赋予的权利和权力，并且使用正如审慎人在处理自身事务时所用的相同程度的谨慎和技能。

尽管这是 TIA 中的实际用语，但现代语言的应用是"审慎人"，并且在其中添加了"他/她"。

这对受托人而言意味着什么？简单地说，违约事件发生后，受托人在契约条款下的责任有所增加。受托人在处理债券持有人的债权时采取更高的审慎标准。受托人必须谨慎行事——其行事如同其自身财产受到威胁。我清楚明白当我自己的财产受到威胁时，我会更加警觉、主动和警惕。受托人有责任采取积极主动和谨慎的行动来保护债券持有人的利益。

第 315（d）节规定，受托人应对自己的疏忽、不作为或有意的不当行为负责。受托人出于善意的错误判断是被谅解的。受托人按大多数债券持有人的指示对债券本金的操作也会受到保护。

债券持有人的指令和豁免；禁止损害持有人的付款权（第 316 节）

本节的重要性在于允许债券持有人直接放弃契约条款并指示受托人行动。关键是对于受托人的指令来自占未偿证券本金多数的持有人。该条款规定的多数占比可能会是 2/3 或甚至 100% 的更高标准。受托人必须仔细查阅契约了解确切的规定，不得接受任何其他任何法律之外的要求。

本节还规定，债券持有人持有的债券本金中不少于 75% 的部分可免除利息支付，但免除前提是不得将任何利息支付推迟至债券发行到期日之后的 3 年以上。根据我的经验，该豁免通常需要 100% 的持有人同意。

受托人的特殊权力：付款代理人的职责（第 317 节）

这是最后要考虑的部分。本章节规定，受托人有权在破产程序中代表债券持有人提交债权凭证，以确立其作为债权人的权利。

TIA 的其余部分涵盖了各种其他的主题。所有受托人均应认真阅读 TIA。

3.3 《1939 年信托契约法》（TIA）的影响与证券市场受托人角色的演变

TIA 仍是规定受托人职责的主要框架。尽管其规定适用于公开发行的公司债券，但它同样也成为其他债券发行的通行框架。事实上，今天我们发现许多私募发行、结构融资、项目金融债券、杠杆租赁、市政债券以及契约和其他管理文件，所用的条款几乎与 TIA 条款相同。

原因很简单：这样的条款在 70 多年间是行之有效的。在所有《证券法》中，TIA 可以说是最成功的法案之一。它很好地发挥了应有效用：形成了专业的受托人来服务和保护投资者（即债券持有人）。

对《1939 年信托契约法》（TIA）的威胁

如果不提及曾经试图废除 TIA，那么任何关于 TIA 的讨论都是不完整的。1995 年 7 月 27 日，得克萨斯州众议员 Jack Fields 提出了 1995 年资本市场放松管制和自由化法案，为了促进美国资本市场放松管制以及提高效率。令公司债券信托行业感到惊讶的是，该法案包含一项条款，规定完全废除 TIA。这一条款的背后是什么？谁愿意看到信托业的法律基石被废除？这对受托人意味着什么？

这些都是当时业内许多人提出的问题。由于我当时担任 ABA 信托委员会主席，我积极参与游说国会，站在受托人的立场为不废除 TIA 而辩护。

在两次前往国会山并与国会委员会成员和 SEC 工作人员讨论后，我可以回答上述三个问题。

1. Newt Gingrich 领导下的共和党掌控的国会致力于废除不必要的监管。全面放松监管法案是囊括了所有被视为不必要的监管条款。我认为很大程度上 TIA 被包含在内是因为没有人真正理解它的作用。

2. 机构投资团体是某种观点的主要推动者，这种观点认为，受托人未能在遇到麻烦时采取必要的行动来保护自己的利益。

3. 我认为 TIA 的废止不会是受托人的终结。证券市场现在受益于专业受托人行使诸多违约前和违约后的责任，从而很难想象发行人和债券持有人能在没有他们的情况下继续运作，尤其是在结构性金融市场上。但废除 TIA 会使人们严重担忧受托人的整体合法性及其运作标准。

从某种意义而言，该事件有一个完美结局。Fields' Bill 被修改为 HR3005，并成为《1996 年国家证券市场改革法》。该法案于 1996 年 10 月 11 日通过并成为法律。并未包含任何关于废除 TIA 的条款，甚至于关于 SEC 可以权衡效用、存在的必要性，并选择修改或取消 TIA 的规定（该法案的早期版本曾包含）。受托人全行业均如释重负。

结论

废除 TIA 的危机为受托人敲响了警钟。每个受托人都必须更加勤勉地工作，以履行我们受托人在违约前后所担负的责任。投资者和市场参与者期望受托人正确地做好他们的工作，作为专业人员保护他们真正的客户——债券持有人的利益。如果我们不勤勉尽责，我们有理由被替换。所有受托人必须注意，对受托人表现的担忧可能导致国会引入一项包含废除 TIA 的法案。2008 年的经济危机、抵押贷款市场的崩溃以及随后抵押贷款债券的困境，使受托人再次陷于困境之中。

章节摘要

- 《1939 年信托契约法》（TIA）是确立受托人正式角色的基本证券法。
- TIA 是《1933 年证券法》的一部分，属于 SEC 的管辖范围。
- 《1990 年信托契约修订法案》（TIRA）对 TIA 进行了修定。

- TIRA 所带来的重要变化如下：
  - 利益冲突情况从违约前开始生效持续到违约后。
  - 如今 TIA 已在每个经 TIA 认证的问题中都被逐字引入。
  - 除非受托人根据第 310（b）（1－10）节中的冲突情况的关系发生重大/本质变化，否则受托人不再需要发送受托人年度报告。
  - 现在需要一份年度的正式"无违约"证明。

- TIA 豁免多种类型的债券融资（如私募、市政债券、SEC 规则 144A 和 RegS 证券）。但在这些融资中聘用受托人已是一种通行做法，因为发行人希望受托人提供服务，而债券持有人希望受托人提供保护。

- 许多信托契约中虽然并非 TIA 规定的融资类型，也都采用 TIA 条款，因为这些条款可以正确确立受托人的职责。

 案例研究

TIA 定义了违约后的利益冲突下，要求受托人采取的行为：

1. 解决冲突或辞去受托职责；
2. 向发行人和债券持有人发出辞职通知；以及
3. 正式辞职前，任命一名继任受托人。

银行商务部因您的受托人身份与您联系，向您转达了对于您担任受托人的 TIA 债券发行人的信用状况的担忧。根据债券现有情况，发行人尚未违约。请回答下列问题：

你应该采取什么行动？你是否应该辞去受托人的职务？

回答

作为受托人，你首先要考虑的是避免 TIA 中所述的利益冲突。根据该法案，贷款肯定是一种利益冲突。然而，由于尚未发生违约事件，TIA 不要求受托人辞职或解决冲突。简而言之，根据法律（TIA），此时

你无须采取任何行动。

然而，行业惯例和实践同样支持在发生违约事件之前，受托人主动辞职的观点。理由是为了避免这种冲突，甚至有观点认为受托人的行为会受到潜在利益冲突的损害。因此在某些情况下，一些更为保守的受托人将会在实际违约事件之前辞职或努力解决潜在利益冲突。

正如受托机构的许多实例一样，这一切均取决于具体情况。我的结论是不要过早辞职，而是在形势迅速恶化时安排好继任人做好辞职准备。拖到最后一分钟，受托人会因为过晚认识到利益冲突而受到指责。在违约事件发生后，TIA 给予受托人 90 天时间来解决利益冲突或辞职。明智的做法是，审慎的受托人会随时审时度势，尽早采取适当的行动。

第4章

违约前受托人的职责和合规问题

导言：纽约州纽约市—1989 年

我坐在曼哈顿中城一栋大楼第23层的一个大会议室里，在一家大型律师事务所里担任债券顾问。今天早上我们解决了一个涉及2 300万美元的结构融资问题，涉及抵押担保债券（CMO）结构中证券化的抵押贷款。这一复杂交易花了几个月的时间整理，其中，债券顾问、承销商、发行人以及其他律师和会计师的支持人员投入了无数的时间。在最后一刻完成许多细节之前，我们彻夜未眠，并且经历许多相当紧张的时刻等待评级机构作出最终评定。我在早上4点才上床睡觉。我肯定其他人根本没睡。

当我注视着聚集在会议室的三四十人时，我确定他们是储蓄和贷款的代表以及剩余债券的购买者。这些剩余债券是最后支付的债券，但如果债券发行像我们所希望的那样运作良好，则将会实现可观的回报。室内的情绪是疲惫、兴奋、忧虑和期待解脱的混合，随着时间的流逝，均笼罩在一种轻微的紧张气氛内。尽管我作为受托人在交易中扮演着关键角色，但在所有涉及其他成员的闲谈中，我似乎是一个沉默的合作伙伴。

我站起来穿过拥挤的房间，走向一张摆满了咖啡、软饮料以及不新鲜的百吉饼的早餐点心小桌子，这是这些大型金融交易的一个标志。当听到"受托人是否有钱?"这句话时，我拿起一个百吉饼，张开嘴吃了一口。

当我手里拿着百吉饼，张嘴面对房间时，我看到四十双眼睛盯着我。此处一片肃静。

我从来不吃百吉饼。为了避免造成恐慌，我立即打电话给我们的电汇室，悄悄地（并强势地）要求确认我们确实有资金。令人高兴的是，我的电讯室确认我们刚刚收到资金。我转向那些人并得意洋洋地宣布该好消息。随着正常谈话的恢复，放松和解脱充斥着整个房间。

我经常在闭幕式完成和庆祝活动结束后反思，受托人是最后一个被邀请参加聚会的人，但却是在所有人离开后留下来清理的人。

在此处，我完全理解我在债券流程中的角色。在一个短暂的闪耀时刻，我成为交易中的实际焦点——但并非直到最后一刻。

章节目标

本章将描述受托人履行的职能，从债券发行结算前到结算后。这两个方面均构成了融资人违约前的受托人职责。本章将讨论两个主题：

I. 结算前受托人职能

II. 结算后管理员职责

本章末尾的案例研究将使债券融资结算前的各方重现生机。案例研究的目的是澄清主要各方在结算债券发行方面的角色。这是我最喜欢的练习，以展示受托人和资本市场过程中其他关键参与者的伙伴关系。

4.1　结算前受托人职能

结算是指在一级市场中发行债券的日期。这也是受托人在契约项下角色的正式开始。结算是受托人合法地承担起其角色，并开始履行其在债券发行中的所有其他职责的时候。在结算之前，受托人没有法律权力采取行动，且在技术上不存在于融资中。因此，在结算之前，受托人扮演一个非正式的角色。但在此期间，受托人积极参与与融资各方的合作，以促进债券发行。

以下是受托人在结算前可能承担的可行任务：

- 审查契约和相关信托文件。

- 与债券顾问合作，最好是与受托人顾问合作，就作为一方的受托人的契约和信托文件发表意见。

- 验证债券（实物债券或作为一张全球票据发行的债券）。

- 执行文件，通常在结算前或结算时执行。如果没有出现面对面结算，则其将通过邮件进行。多年来，我已看到面对面的结算显著减少，这通常是在债券顾问办公室中进行的。在我看来，那真是一种耻辱。面对面结算允许我们以作为受托人的角色会见融资各方、债券顾问、承销商、发行人、财务顾问和其他人。在结算前的债券发行管理中，关系的形成被证明是无价的。多年来，我们缺乏个人联系和面对面的交流。因此，我们与创造债券发行的团队的合作关系并不牢固——这对我们和其他参与者而言都是一个真正的损失。

- 如果债券发行在 TIA 下是合格的，则向 SEC 提交一份 T−1。这确定了受托人有资格为债券发行这样做的正式能力。

- 提供一份受托人证书，写明受托人高管作为授权签字人的签名，并确认受托人同意作为债券发行的受托人以及履行契约中要求的职责。

- 在结算时开立信托账户以接收资金。

- 向运营部门提供原始通知，以建立债券发行的运营记录（如利息和本金日期、记录日期、待发行金额、税务报告、费用明细表）。还包括授权信息，以使 FRAC 能够解决任何 DTC 快速结算问题。
- 执行"了解你的客户（KYC）"尽职调查和记录。
- 在结算时接收投资方向以执行投资。
- 准备在结算时进行资金分配以及各项费用支出，如建设基金。
- 准备在结算时接收受托人持有的任何抵押品。

结算的前一天是受托人通常履行以下职责的时候：

- 以最终形式检查所有财务文件。
- 最终确定资金流动和支付的指示。
- 审查结算备忘录（其详细说明资金流动），核实金额，以及接收和分配资金的电汇指示。
- 在契约和其他相关文件上签字，以便为结算做准备。
- 交付受托人证书。

结算时，受托人执行以下任务：

- 从承销商处接收债券资金。
- 持有结算文件。如果所有文件均不可用，则受托人至少要带一份契约和债券顾问意见的签名副本以及受托人签署的任何其他信托文件。
- 将债券收益分配到适当的信托账户中，并按照规定支付资金。
- 按照书面指示将剩余债券收益投资于许可投资中。
- 持有并清点全球票据。
- 如果融资需要，则发行实物债券。
- 如果债券是 DTC 进行的账面记录，则请与 DTC 和承销商一起参与电话呼叫。在该电话呼叫中，会发生以下简短对话：
  - 双方表明了其自身的身份。
  - DTC 代表询问受托人是否有资金，并要求受托人核实其 DTC 账户。

○一旦确认，DTC 代表声明将债券转移到承销商。

○呼叫结束。

该电话呼叫实际上是对债券和债券收益的同时转移。我喜欢以这种方式表达：

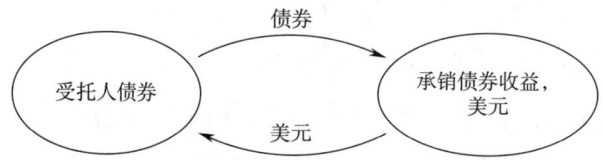

我在纽约进行第一次债券结算时，坐在我所见过的最大的会议室，俯瞰着整个曼哈顿，刚刚完成了 DTC 通话。我已确认了将资金存在信托账户中、执行投资和支付资金。我转向室内的其他人。令我惊讶的是，每个人都离开了。我期待着某些压轴环节来强调该重要场合……燃放烟花、钟声响起，或照相机闪烁。相反，所有人正好离开。

我非常失望。

闭幕晚宴：一个真实的故事

由于面对面结算已成为过去，因此闭幕晚宴的做法也将成为过去。这个晚宴是由承销商主持，顺便说一句，它从融资中获得了最大的费用，闭幕晚宴是建立关系的另一个独特机会。在我参加的众多闭幕晚宴中，有一场非常突出。

结算是在墨西哥城，为一家大型墨西哥公司发行的首次抵押公用事业债券而进行的。我在开幕晚宴庆祝活动上迟到了，因为我正忙着转移资金。我及时赶到晚餐地点，见证了我们的分行商业贷款人被摆上宴会台面上。似乎公司用一头小公牛安排了一场模拟斗牛，供结算双方参与。我们的商业高管显然缺乏必要的技能，被这头小公牛甩出局。

晚上其余的时间以一种更加戏剧化的方式展开。经过一顿漫长的晚餐后，我们踏进了一家俱乐部，那里有一场适合拉斯维加斯的节目表演。然后，我们去了其他几家机构。我们从由公司高管、债券顾问、律师、承销商、商业银行家代表的 35 个人开始，且本人作为受托人的个人代表。整个晚上，各个成员逐个倒在路旁。最后，只有两个人站着：债券顾问的首席律师和我自己，即受托人。现在是清晨五点，我们坐在墨西哥城市中心的一家迪斯科俱乐部里。我很自豪地说，给债券顾问留下了深刻印象。我已证明了受托人有义务履行其职责直到最后。

4.2　结算后管理员职责

按照契约和管理信托文件，受托人有各种结算后的职责需要履行。这些义务必须在契约中明确说明，无隐含职责。请记住，受托人是具有有限权限的违约前代理人。

受托人角色的一个良好示例是涉及其在契约中监督约定的职责。发行人承诺做或不做某些事情，以便在契约中订立这些约定。受托人没有责任接收发行人遵守特定约定的证据，除非在信托文件中明确指示受托人接收此类证据。这得到习俗和惯例以及契约法律要求的支持（即无隐含职责）。

一个示例是许多契约中的保险约定，其中有形财产/设备是债券的抵押品。发行人通常有一项约定来维持财产/设备的保险。我并不怀疑以下事实，即在财产损失的情况下，这是对债券持有人的重要保护。然而，如果契约或其他信托文件中并没有说"受托人将会或应接收保险证据"的字样，则受托人没有义务接收证据或试图获取证据。在这种情况下，这显然是发行人的责任。

具体的结算后职责

我无法再强调每次均需正确履行结算后职责的重要性。这并非美国职棒大联盟，如果你十次中有三次击中，则你就会被选入名人堂。

在信托中，我们期望获得百分之百的机会。

以下是一份关键结算后职责的列表，与信托基本一致，其并非包含全部。针对不同融资的独特需求，还会出现其他职责，但以下是一个良好的总列表：

- 资金流动
- 契约监督
- 基金投资
- 《统一商法典》文件
- 建设基金支出
- 估价和计算
- 客户服务
- 赎回和偿债基金

资金流动

结算后和违约前最重要的受托人职责是妥善管理债券发行的资金流动。这首先是在结算时收到债券收益，将其存入适当的信托账户，并进行必要的支出。其继续从发行人或抵押品处接收本金和利息付款，并向债券持有人付款。关键步骤是在到期时接收适当数额的资金，并计算待支付给债券持有人的适当利息和/或本金金额。受托人必须按照契约的要求按时付款，否则会产生严重后果。当然，"违约"一词进入了关于债券发行的对话。

受托人接收支付市政债本金和债券利息的资金的来源包括：

- 发行人直接支付
- 租赁付款
- 信用证
- 抵押付款
- 从向信托抵押的资产（如信用卡、汽车贷款等）中收取的服务机构的现金流。
- 其他第三方，如担保投资契约（GICS）、SWAP 协议或托管基金。

支付频率也可从半年一次变成每季度一次、每月一次甚至每天一次。与公司债信托一样，市政债受托人的职责取决于每项具体的融资。

除了接收和支付资金（其被称为"偿付债务"）之外，受托人还负责将收到的现金流分配到各个信托账户中，具体已在契约中说明。受托人的重要责任是及时且准确地将资金存入指定的账户。因此，对于受托人而言，清楚地理解每个流量分配的契约要求同样至关重要。这也被称为"瀑布"。

关于资金流动的另一个要点是，受托人在支付任何偿债分配之前，应确保其具有"良好的资金"或"募集的资金"。如果不这样做，可能会导致潜在负债。

契约监督

在资金流动后，受托人在结算后的第二个关键职责是监督发行人契约。及时接收所需的合规性项目是一项重要的受托人责任。受托人应努力满足契约特别要求发送给受托人的所有合规项目。不多也不少。受托人必须大力追踪这些合规项目，以确保及时接收。这些合规项目可包括：

- 财务报告
- 预算
- 高管证书（无违约）
- 保险证据（保单、证书、个人财产）
- 会计师验证报告（用于偿还债券发行）
- 信用证续期
- 建设资金/支付申请
- 套利回扣要求
- 《统一商法典》

受托人的任务是监督某些发行人遵守约定项目，因为债券持有人希望受托人代表其自身监督发行人遵守契约要求的情况。

发行人未能履行其向受托人证明的约定将构成契约项下的"技术违约",导致受托人采取行动。这种情况下的受托人角色将在违约后章节(第5章)中讨论。

根据约定遵守义务,受托人的最终要求是仔细审查收到的遵守证据。受托人必须核实该项目是否符合契约的要求。

高级职员的证书、法律意见书或其他声明必须与契约语言逐字匹配,否则将寄回进行更正。

资金投资

一个关键事实是,作为受托人,我们不具有投资自由裁量权。"受托人"一词是指我们仅在以下情况下进行投资:

- 受托人收到书面指示
- 受托人仅可投资于许可投资

许可投资表述出现在契约的"定义"和"投资"部分。受托人必须仔细审查许可投资表述,以便允许进行投资。在本书中,受托人是投资的"看门人"。让我们明确一点:受托人不会为发行人提供建议或挑选投资选择。受托人在投资选择方面同样不具有自由裁量权。然而,受托人负责确保仅进行契约中描述的许可投资。

在公司债信托世界投资的首要原则:债券发行中的债券收益和现金流均不得存在风险。由于不可流失资金,因此仅允许进行非常保守的投资(不允许投资于股权)。出于融资之目的以及为向债券持有人付款,这些投资必须保持"安全"。

鉴于受托人的明确职责是监督发行人的投资决策,受托人将对因受托人未能按照契约要求适当管制发行人该等行为而造成的任何损失负责。此外,发行人有权最大限度地增加其投资回报,只要其根据契约保持许可投资,这种情况也属实。

为此,还应尽可能地将闲置现金用于投资。

使用更多样的许可投资(包括货币市场基金)会给受托人带来额

外挑战。再加上使用受托人银行的专有货币市场基金作为许可投资这个有趣问题，你可了解到受托人必须小心谨慎，以免使发行人投资于银行的自有基金。应根据发行人的要求向其提供选择（我喜欢至少三种基金选择），以免产生任何自我交易问题。在关于风险管理的章节（第 7 章）中，将更详细地阐述这个话题。

偿债基金和赎回

许多债券发行均有偿债基金和赎回规定。偿债基金和赎回均旨在使发行者灵活地在债券到期前收回债券。偿债基金是强制赎回或"买回"债券。这是一种定期支付本金的方式，表示在规定日期赎回部分债券，通常按票面价值（即债券票面价值）赎回。"偿债基金"是我在加入信托行业时听到的第一个术语。老板说："Jeff，你需要进行偿债基金赎回。"我用我一贯的幽默感回答："什么正在下沉？我不知道我加入了海军。"不用说，老板无动于衷，坚定地说："这意味着降低债务水平。"他的语气暗示他认为我是个十足的傻瓜。

可强制赎回，也可选择赎回。

强制赎回可以是偿债基金，也可以是单独赎回全部或部分债券发行。如果发生某些事件（例如未能更新信用证），则可能需要强制赎回。

发行人可选择进行选择性赎回。选择性赎回允许发行人自行决定收回部分或全部债券。发行人可选择赎回债券，以便：

- 减轻发行人的债务负担；和
- 收回高利率债券（如果利率正在下降）。

如果发行人指示受托人进行选择性赎回，则将按"溢价"收回债券，这意味着债券持有人将获得超过其债券面值的红利。例如，1 000 美元债券将按 103% 的价格赎回，相当于向债券持有人支付 1 030 美元。溢价是对债券持有人失去其债券并可能使自己面临再投资风险的补偿。

偿债基金和契约的赎回要求是债券发行的重要部分，也是受托人的重要职责。下面将说明进行这些"买回"的基本过程。

4 月 15 日

- 发行人通知受托人进行选择性赎回

4 月 30 日

- 受托人向债券持有人发出赎回通知（买回日期前 30 天）

6 月 1 日

- 赎回日期向受影响债券持有人付款
- 提交债券（如果为实物）

在发行人通知日期与赎回通知邮寄日期之间的时间段，如果部分赎回，则受托人必须选择需买回的债券。选择债券有两种方法：

- 随机：抽签——并非选中所有债券持有人。

- 按比例：各债券持有人均有选定百分比。

大多数契约均规定随机抽签选择过程或受托人认为公平合理的过程。这种选择过程通常由计算机系统在操作中完成。计算机系统随机选择债券编号并指定该债券的买回金额。我将在"风险管理"一章（第 7 章）中更详细解释该过程。

除开展适当选择程序外，受托人还必须妥善编制赎回通知并邮寄给赎回的债券持有人。

契约将规定流程和附加信息，通常包括以下各项：

- CUSIP 编号

- 买回金额

- 债券编号

- 证券描述

- 债券支付价格

- 在应付日期停止计息的声明

- 提交债券（如果是实物），通过邮寄或专人递送至受托人办公室。如果不要求提交债券，则称之为"总公司付款"，债券持有人在债券上注明付款信息，无须提交债券。

- 要求债券持有人提交 W-9，以便向受托人确定档案上的纳税人 ID，否则将处以 28% 的额外扣缴罚款。

通常由受托人代表发行人在通知上签名。特别值得注意的是，未收到通知，或通知中有错误，并不意味着对债券持有人的赎回无效。此外，无论如何，在赎回日期后，赎回债券将不再支付利息。

在某些情况下，发行人可在公开市场购买债券，然后提交所购债券用于偿债基金信贷。针对基金要求的其他信贷示例包括：

- 债券转换为普通股（即可转换债券）
- 财产或抵押附加物

上述现金支付的替代方案仅在契约中明确授予的情况下方可允许。

《统一商法典》文件

在许多（但并非所有）情况下，发行人要求或契约要求受托人提交《统一商法典》3 延续声明，这份声明确定抵押品的第一留置权（以个人财产形式）记录在案。个人财产定义为土地以外的东西，如设备（如飞机或机器）。收入亦视为个人财产。

如果受托人的任务是提交《统一商法典》3，则其必须在正确时间和地点谨慎提交。根据经修订后《统一商法典》第 9 条，留置权必须每五年延续一次。例外情况是，如果原始融资声明指定发行公共融资，则延续期将为 30 年。《统一商法典》3 还必须在发行人注册成立所在州备案。无须在房产所在县备案。例外情况是，某些州（如马萨诸塞州）可能要求某个县根据州房地产法进行记录，尽管《统一商法典》第 9 条认为不必要。似乎每条规则均有例外情况。在债券发行的最后付款时提交《统一商法典》终止声明，这也是最佳实践做法。受托人标准实践做法是进行《统一商法典》备案，即使这种备案由发行人负责。这将允许受托人确定留置权是否以其名义延续。

建设基金支出

从债券收益中留出资金用于建造设施时，通常是在市政收入债券中，受托人需要管理建设基金。受托人将按照指示来投资基金，在收到合适的请求文件后支付。这项责任非常重大，涉及受托人的关键决策点。我见过许多关于项目建设的欺诈案例。至少，请求和支持文件（如发票）中也会出现错误。

受托人对建设基金支付的职责包括：

- 接收请求文件和所要求的支持文件。
- 审查文件是否符合契约规定，以及授权签字人是否合适。
- 合计所有附带发票，确保与所请求的总数相符。
- 尝试向发行人支付一笔款项。这可减轻受托人向各承包商/供货商作出多次付款的负担。
- 采取上述步骤后，立即付款。

受托人面临的其他挑战包括支付时间。需要灵活的投资工具，因为建设支出会因许多延迟建设的因素而延迟（如天气、供应品、项目变化及意外事件）。

估值和计算

受托人需要给抵押品或储备资金估值。这是另一项看似微不足道的职责，如处理不当，可能会造成严重后果。契约将指示受托人定期给所持证券/投资估值（例如，在储备资金中）。如果需要储备资金但未正确估值，从而导致短缺（由受托人负责通知），则受托人（而非短缺的发行人）应对未能正确估值负责。

这同样适用于受托人持有的抵押品，如果契约要求受托人估值或"按市值计价"。

受托人必须准确、及时进行所要求的估值。如果出现短缺，则受托人应通知发行人将资金恢复至适当数额。如出现盈余，则受托人通常会将多余部分退还发行人。受托人必须非常谨慎，完全理解确切的估值或计算方法，而且必须做对。

客户服务

受托人确实有责任协助发行人和债券持有人履行违约前职责。受托人应易于接近，并对问题和询问作出回应。请记住，受托人的角色是充当债券发行的促进者。当然，法律解读应交由顾问负责。此外，受托人还避免对发行人或融资作出投机性行为。

然而，应从速办理发行人对审计确认和投资方向的问题，还应及时解决计费问题。这仅仅是良好商业惯例。

受托人履行了许多其他违约前职责，其中许多为特定融资所特有。以下给出需考虑的简短列表：

- 修正和补充：可更改需要发行人指示和可能需要持有人同意的文件。受托人在促进这些变更的过程中发挥作用，但从未要求受托人批准该等变更。

- 放弃：受托人可放弃对契约的某些细微变更，但仅可在严格规定的情况下谨慎进行。

- 运营职责：许多功能在运营范围内，将在"运营"一章（第 11 章）中论述。这些职责包括以下各项：债务偿付、保存债券持有人记录、税务申报、处理转账、计费以及遵守没收等。

- 投标和交易：受托人可以是从债券持有人处接收债券的"投放人"或"招标代理"，而债务持有人向发行人投放/招标债券以供支付。还可用一种债券交换另一种债券或普通股，在这种情况下，由受托人处理交换。

- 拍卖代理：受托人可作为"拍卖代理"，代表发行人举行荷兰式拍卖，重置债券利率。

- 托管人或抵押品代理：受托人可以信托形式持有资产或抵押品，作为对债券发行的担保。这要求受托人执行以下操作：
  - 接收抵押品。
  - 确认抵押品符合信托文件所载要求。

  ○ 妥善保管。

  ○ 按指示归还。

- 计算代理费：受托人计算利息或进行其他所要求的计算。
- 支付代理费：受托人支付资金。

结论

  目前有许多涉及受托人的结算后违约前职责。这些职责对于债券发行正常运作至关重要，对发行人和债券持有人均有益。受托人应正确及时履行这些职责。受托人是发行人与债券持有人之间真正的纽带。

章节摘要

- 受托人的交割前角色并非正式，因为受托人直至交割才合法任命。
- 受托人参与了交割前活动，包括以下各项：
  - 审查契约和其他信托文件。
  - 确定运营记录，在交割时提供用于发行债券的原始发行指示。
  - 准备好接收资金，投资债券收益，并在交割时支付。
  - 向发行人确定受托人费用。
  - 对发行人开展"了解客户"（KYC）尽职调查。
- 交割职责包括以下各项：
  - 如果是账簿条目问题，则与 DTC 互动，向承销商放行债券。如果不是 DTC 交割，则向承销商发行正式债券。
  - 接收债券收益。
  - 支付所要求的款项。
  - 按照指示投资债券收益。

- 交割后违约前职责因债券融资而异,更常见的情况如下:
  - 接收交割文件。
  - 建立备忘录。
  - 促进资金流动,包括持续接收资金,以便支付本金、利息及其他现金流。
  - 监控合约,以便接收和审查契约要求受托人接收的合规项目。
  - 收到书面指示后,将资金投资于许可投资。
  - 处理偿债基金和赎回。
  - 提交《统一商法典》表单,以便确定作为抵押品的个人财产第一留置权。
  - 收到适当文件后支付建设基金。
  - 进行估值和计算,以便给投资、准备金、基金及抵押品估值,或计算支付给债券持有人的利率。
  - 提供客户服务,并与发行人和债券持有人进行互动,以响应其需求。
  - 履行运营支持职责,如债务偿付、报表报告、保持债券持有人记录、税务申报、处理转账、计费以及遵守没收。

案例研究

为正确理解受托人的角色,必须认识到受托人是将债券发行推向市场过程中的众多参与者之一。为真正理解受托人如何与债券发行的各当事方互动,本案例研究从开始到结束展示了债券发行如何进入市场的常见场景。我将论述发行过程的典型时间表,并将按照参与者的一般顺序来进行介绍,先从需要通过债券发行筹集资金的想法开始,最后再到将债券出售给投资者,债券发行开始运作。读者必须注意到在什么时候将受托人引入这个过程中。让我们开始吧。

回答

将债券发行放在一起。

我们的案例研究将涉及对新体育场进行融资。我们首先论述建造新体育场的想法起源，新体育场将为大都市的城市、商业社区及市民带来许多好处。加入我们的首位参与者是：大都市市长。

市长当然希望给这座城市带来繁荣。还有什么比建造新体育场更好的方法吗？这座新体育场将会创造就业机会，吸引酒店、餐馆、购物中心及娱乐场所等企业，从而为城市内部提供必要的经济刺激。新体育场将把人们带到市中心地区，创造更多税收，并为周边地区的商业带来复兴（这可能需要翻新）。最重要的是，新体育场可能会使市民感到满意，增加市长连任前景。

随着城市日益繁荣和增加连任几率的愿景形成，市长热情地向我们的下一位参与者提出了这个想法：市议会。

由当选市政府成员组成的市议会也发现新体育场的好处，欣然同意了这个想法。作为政治家，市长和市议会现在把他们的注意力转向具有挑战性的后勤工作，即如何实现他们的新体育场梦想，从而实现经济利益和连任前景。他们如何完成这项艰巨的任务？

市长和市议会考虑到寻找资助这个大型项目的最佳方式的方案。方案如下：

- 发行债券。
- 去银行贷款。
- 向企业出售冠名权。
- 提高税收。

许多政治家不会支持大幅增税，因为这样做会危及他们的连任前景。因此，最后一个方案很快遭到驳回。银行贷款将非常昂贵，给这座城市带来不必要的债务负担。出售冠名权是一个有吸引力的方案，但无法资助整个项目。剩下的就是债券。发行市政债券作为收入债券，由体育场收入提供支持（而非作为城市债务），是一个可行的方案，也是所有方案中最好的一个。接下来会发生什么？

进入"金融顾问"（FA）。FA 在促进这个过程和向发行人提供建议方面发挥着有趣的作用。FA 作为顾问，就各种事项向发行人提供建议（在这种情况下是大都市的城市）。这些事项可能包括以下各项：

- 债券发行结构
- 债券发行规模
- 确定和协调承销商/投资银行家的聘用
- 债券条款
- 协助与评级机构及其他第三方（如信用增强机构）打交道
- 聘请受托人

没有运动团队的体育场不完整。接下来"球队老板"参与进来。

球队老板控制球队、聘请球员以及促进球队。他/她不想支付新体育场的费用，但希望享有新体育场带来的好处，包括潜在额外收入。设有更多贵宾看台的新体育场将为球队老板创造更多收入，这样他/她可给明星球员支付更高的薪水。如果球队赢得更多比赛，则将创造更多收入。包括市长和市议会在内的当选官员可能会再度当选，也不必支付体育场的费用，对于所有相关方而言都是双赢。因此，如果通过其他方式融资（如发行公共债券），则球队老板会热情地支持建造新建筑的想法。

为发行和出售债券，我们现在介绍另一位参与者：承销商/投资银行家。

承销商起着至关重要的作用，因为私人金融机构（如 Goldman Sachs 等）实际上同意购买这些债券，而且还打算转售这些债券。FA 将联系不同承销商进行某种竞争，潜在承销商将借此机会在债券发行上竞标。FA 将收集投标书，与发行人协商选择获胜者。中标承销商将成为由其他承销商组成的承销团的牵头经办人，他们将签署一份承销商协议，特此同意在"尽最大努力"或承诺出售的基础上出售债券。通过发行更大规模（5亿～10亿美元）的债券，牵头经办人将把承销债券的风险分散给其他承销团成员。这种风险包括市场条件变化或利率变化，使得债券的出售成本更高。

承销商首先负责出售债券。承销商辛迪加通过担保价格（在交割时支付给发行人），承担所有市场风险。此外，承销商还负责：

● 按照SEC的要求，为市场和投资者创建招股说明书或发行声明（OS），即披露文件

● 组织债券发行

承销商聘请独立顾问。承销金融机构最终可扮演三个角色：承销商、投资银行家及经纪人。承销商出售债券，投资银行家就组织债券提出建议，经纪人在二级市场匹配债券的买卖双方。

下一位进入该过程的参与者是债券顾问。出于起草契约的目的，发行人聘请债券顾问来管理法律程序，包括编制法律意见书和汇编所有必要法律文件，以便授权发行债券。债券顾问负责管理交割，是整个过程中的主要协调方。发行人聘请债券顾问来协调法律程序和在交割时就债券发行展开谈判。

为促进债券的出售，另一位参与者进入该过程：信用增强机构。信用增强机构是债券发行中越来越有必要的一方。信用增强机构具有多种形式，包括：

● 单一险种保险公司

● 提供信用证的银行

● 交换交易对手

● 全部或部分债券的银行流动资金提供商或其他第三方担保人

信用增强机构将成为债券持有人的最后手段，他们向债券持有人全额付款，然后担任债权持有人的职位，从而实现可能的资金收回。信用增强机构实际上不想赔钱。因此，他们积极参与交割前过程，在违约事件中保护自己的权利。他们将指望受托人代表他们收回资金。信用增强机构（如单一险种保险公司）向债券持有人保证他们会得到偿付。由

于债券保险，债券通常会评为"AAA"。信用增强会减少发行人的利息支出，因为投资者依赖于信用增强机构（而非发行人）最终偿还，不会要求同样高的风险溢价（更高利率）。信用增强机构是债券交割前过程中的关键参与者。

应仔细考虑其意见书和文件注释。信用增强机构实际上可规定其自己的条款。

上述各方进入融资时，下一位参与者以一家或多家评级机构的形式出现。尽管私募债券发行可能不需要评级，但行业惯例是从评级机构获得一项或多项关于所有其他债券发行的评级，以便提高债券的适销性。投资者希望对债券发行的信贷价值进行公正专业的评估，换言之，偿还债券的可能性。为获得尽可能高的评级，承销商会联系评级机构。为什么？降低债券的利息成本，提高债券对投资者的吸引力。三大评级机构如下：标准普尔（S&P）、穆迪及惠誉。无论聘请哪家，该公司都会分析债券发行和债券结构，以便指定等级。等级是评级机构在评估偿还可能性时的描述。这不是保证，只是评估。随着未来事件的展开，等级会上调或下调。

AAA 级为最高等级。等级为 BBB 级及以上的所有债权均视为"投资级别"，等级低于 BBB 级的所有债券均视为高收益或"垃圾"债券。不能仅仅因为债券评为"垃圾"而意味着会违约。情况恰恰相反。令人惊讶的是，垃圾债券的历史平均违约率仅为10%。

评级机构在交割前评估等级的重要性无论怎么强调都不为过。一切都取决于是否获得适当的评级。等级会影响债券发行的整个过程。等级不仅会显著影响承销商实际上出售债券的能力，还会影响利率，而利率决定了发行人在债券发行期内最终债务金额。

对于结构性金融债券发行，一家或多家服务机构是交割前过程的主要参与者。服务机构是实际管理资产的一方。服务机构保留记录、维护资产的担保权益、处理收款、处理止赎、生成账单，甚至在某些情况下持有资产。受托人可持有实物担保品，作为担保品代理或保管人，特别是针对具有全部贷款按揭档案的抵押担保证券（MBS）发行。按揭保管功能对于具有全部贷款按揭的 MBS 发行至关重要，其与服务机构在验证按揭档案、追踪不完整档案的文件（称为"追踪文件"）、存储档案、在记录保存系统上记录文件，以及在违约、止赎程序、再融资或最终支付时返回档案中有着广泛的互动。

服务机构将通过交割文件（契约、合并及相关服务协议）参与交割前的签约过程，以便为资产提供服务、收取款项、向受托人预付款以及提供有关现金流和抵押品履约的详细报告。

我们现在即将结束交割前过程。每个人都在完成其自己的指定工作。发行人正在作出有关融资的关键决策。承销商正在出售债券，并发出招股说明书。债券顾问正在起草管理文件、编制法律意见书以及管理交割过程。金融顾问正在提供建议。信用增强机构正在加紧步伐。评级机构正在指定等级。服务机构正准备提供服务。所有这些活动的期限从最短 3~6 个月（这个时间范围更典型）至 1 年或更长时间。

然而，我们仍缺少一位更重要的参与者——受托人。受托人往往是引入交割前过程中的最后一位，这听起来可悲但确是实情。在某些情况下，受托人会更早参与。对于受托人而言，这样会更好，因为他/她可更充分地参与到将债券发行引入交割的整个过程中。为什么在大多数情况下会推迟而非提前引入受托人？原因有很多。有些不重要，有些更令人担忧。原因包括：

● 一般认为受托人在融资中起到部长级处理角色，因此，受托人只是公共汽车后排的乘客，在这里凑热闹。尽管实际情况并非如此，但受托人在违约前基本处于被动状态，并未促使受托人受到作为融资重要部分理应有的尊重；

● 一般认为受托人的角色直至交割才正式开始；因此，留到最后获取受托人的服务；

● 一般认为所有受托人均相似，提供的服务可互换；

● 事实上，在交割前过程中，每个人均非常专注于创建债券，其主要目的是出售（即发行）债券，以至于所有其他事项（包括所需受托人服务）均留到在债券组织工作完成后最后考虑；

● 事实上，各方在过程后期任命受托人，这是一种事后想法，但也给受托人施加压力，要求受托人勿对文件作出实质性评论。

在受托人未更早参与债券发行的所有上述原因中，最令人担忧的是最后一个原因。受托人与市场上的所有参与者一起努力工作查找其他原因，表明他们作为专业人士（促进债券发行更有效地交割）对融资的价值。

在交割前流程中，受托人的真正角色是积极参与协助债券发行：对文件提出建设性评论，在交割时为证券发行和资金运作做好充分准备。其目标是拥有一个更有效的债券融资，即更有可能实现向债券持有人提供最优回报。

交割当天，所有当事方聚集在一个大型会议室完成交割。签署文件、给出意见书、将债券分配给牵头承销商并将债券收益支付给受托人。受托人将资金存入适当的信托账户、按照指示投资基金并进行分配。

然后所有人都离开会议室。在接下来三十年内，谁还会继续默默履行管理债券发行的条款和条件的职责？受托人。我想说，"受托人是最后一个受邀参加聚会的人，也是留下来收拾残局的人！"你必须做好判断。

时间表：从市长眼中的闪光到债券发行交割，6~9个月，甚至一年或更长时间。正如你所看到的情况，通常在这个过程后期引入受托人。

| 融资理念 | 相关方 | 受托人参与 | 结束 |

第5章

违约后受托人的职责和破产责任

导言：威斯康星州阿士本镇—1991 年

这是 11 月寒冷灰暗的一天。我和我的顾问刚从芝加哥开车到威斯康星州参观一座大型制造建筑，这栋建筑原本归 Patton Industries（工业起重机建造商）所有。遗憾的是，起重机市场萧条，导致 Patton Industries 根据《破产法》第 11 章申请破产保护。作为该设施的受托人，在此次违约中，我自豪地成为该房产的主人。

作为受托人，我的职责是为债券持有人保存资产。为此，我必须检查"待办事项"清单上的几件物品。其中一些任务包括检查房产、会见保安和电力公司以及咨询当地房地产经纪人。

我和我的顾问走进大楼时，我们注意到外面有一辆卡车，工人正在装货。大楼内非常宽敞，几乎光秃秃。这时，我们意识到我们正在目睹一场入

80

室盗窃，此时惊讶地看着对方。工人正在卸去安装在地板上的机器，准备运走被盗的物品。工人发现我们后，上下打量我们，很明显不喜欢面前这两个西装革履的男人，认为我们可能会正式关闭他们的工作地点。

我的顾问用相当粗鲁的语气开始对工人大喊大叫，要求他们停止手头上的工作。在这场敌对冲突恶化前，我简直要将他拖出大楼，我坚持立即找警察，为有效阻止抢劫，我们回来时带上一些保护装备，以免我们的鼻子受伤。

我们与执法人员一同返回该设施，能够收回债券持有人的部分资产。

勤奋的受托人进入违约的险恶地带，最后仍能够成功，这一切都是在某一天内发生的。可以肯定的是，在这个行业中，总是会有挑战性的惊喜，每次违约都会带来独特的挑战。没有两种情况是完全相同的。

章节目标

当受托人进入违约后领域时，由于受托人需要承担完全不同的职责和责任，因此受托人的真正角色发生了变化。受托人被提升到一个显著更高的标准，即审慎人标准，这需要受托人更加警惕以及采取更多行动。

类似于超人，性情温和的受托人仿佛穿着克拉克肯特或神奇女侠服装，在突然收到召唤后，冲进电话亭，然后以谨慎受托人的身份出现。现在，契约赋予谨慎受托人新的权力和能力。新权力伴随着自由裁量权责任，以便采取必要行动保护债券持有人利益。受托人采取错误行动或未能采取行动的风险自然会增加。受托人的违约后角色需要自由裁量权，这要求受托人发挥更加积极的作用。债券持有人期待受到受托人保护，受托人努力使债券持有人获得最大限度的追偿。

受托人在担任违约后角色时面临着令人畏惧的挑战，而且受托人很少担任这种角色，因此使得这一挑战变得更加困难。向"审慎人"的转变在每种情况下都不同。事实上，没有两种违约后场景完全相同。

为探索违约后受托人的世界，我将重点关注三个方面：

Ⅰ. 什么构成违约与违约事件？

Ⅱ. 受托人违约后责任和审慎人标准

Ⅲ. 最佳实践做法：受托人如何履行违约后责任

5.1　什么构成违约与违约事件？

为理解对受托人违约后期望，我们必须首先定义什么是违约。"违约"一词通常出现在契约的违约部分。违约部分通常是契约的后面部分，但这并不意味着这部分不重要。相反，这部分是契约中最重要的部分之一，应将其视为最重要的部分。违约是由于发行人未能按照契约要求履约而产生的情况。有两类违约形式：

- 违约，亦可称为技术性违约

- 违约事件

技术性违约是发行人的轻微违约，其本身可能不会给债券持有人带来重大风险，但如果不予以解决，可能会导致重大风险。因此，技术性违约具有补救期。契约将补救期定义为在技术性违约发展为违约事件前经过的一段时间。换而言之，"补救期"指宽限期，给时间补救违约行为。为什么考虑到补救期？目标是在不使债券发行陷入违约事件严重性的情况下解决技术性违约。

作为示例，我拿体育打个比方，"没有伤害，就不算违规"。例如，未收到年度财务报告属于技术性违约。受托人面临的困境是，第一，认识到技术性违约已发生；第二，决定如何处理技术性违约。本章的最佳实践做法部分将详细说明受托人应采取的行动方针，但目前而言，这足以说明受托人拥有选择权。

使受托人掌握技术性违约的重要概念是，目的是使受托人拥有选择权。如果受托人不向发行人发出正式书面通知，明确宣布发行人出现技术性违约并正式开始补救期，则技术性违约不会升级为违约事件。我称之为"启动违约时钟的嘀嗒响声"。我可以向你保证，这是一个闹钟，未经受托人仔细考虑以及审查委员会批准，不得启动（有关审查委员会目的的进一步解释，见第 7 章关于风险管理的内容）。唯一可启动违约时钟的方式是受托人向发行人发出书面通知，告知补救期开始。一旦启动，只有在解决问题的过程中遵守法规才能停止。一旦时钟在补救期结束时响起，受托人可提升至审慎人标准，并承担这项标准所包含的所有自由裁量权责任。在补救期后提出的违约事件不应轻描淡写或用于"恐吓"发行人。后果会非常严重。如果发行人在补救期内补救违约行为，则一切恢复正常。无须通知债券持有人。如果补救期到期，违约时钟的时间已全部用完，则受托人将面临更重要的决定，即是否宣布正式违约事件。

图 5 - 1　违约时钟

技术性违约流程（例如，未收到财务报告）的示例如下所示：

● 经确定，由于在应将财务报告提交给受托人之日，未收到年度财务报告，因此发生技术性违约。受托人将对这个项目设立备忘录。

● 致电发行人，了解为什么未提供财务报告以及将何时提供。

● 决定是否向发行人发送技术性违约的正式书面通知，开始补救期。

● 如果发出通知，则监视情况。

● 补救期到期后，确定是否宣布违约事件以及采取何种行动方针。

解决技术性违约的关键是使受托人认识到契约确实为受托人提供了灵活性，也为发行人提供了补救违约行为的时间。受托人无须立即发出技术性违约的正式书面通知。

原因是使发行人有机会补救这种情况。受托人经常会遇到技术性违约。例如，未收到年度财务报告可能由多种原因造成，包括审计师在收集所有相关财务信息时发生不可避免的延误、业务状况或合并造成的延误或甚至在邮寄途中丢失报告。未能提供年度财务报告也可能由更严重的问题造成，例如发行人不想披露财务结果。一切皆有可能，这就是为什么技术性违约会使受托人面临一种有趣的困境，即如何继续。

违约事件

对受托人和所有相关方而言，违约事件是一种严重的问题。如契约所定义，违约事件无补救期。违约事件给债券持有人带来了真正的威胁，即可能无法偿付。因此，发生这种违约促使受托人的角色立即从代理转变为审慎人。表 5 - 1 有助于区分技术性违约和违约事件。

违约（技术性违约）

对比
违约事件

表 5 - 1　　　　　　　　　　技术性违约和违约事件对比

违约（技术性违约）	违约事件
1. 代理标准 2. 补救期或宽限期，两者不同，需要受托人通知发行人 3. 不要求通知债券持有人 4. 不支付利息（但某些契约将此列为违约事件） 5. 违反契约（例如，财务报告和无违约证明） 6. 未能及时披露契约所要求的信息 7.《破产法》第 7 章和第 11 章所述发行人的强制破产申请提交	1. 审慎人标准 2. 无补救期，违约事件是即时的 3. 有通知债券持有人的要求 4. 无力支付本金，如赎回、偿债基金或到期本金支付 5. 在受托人发出正式书面通知后，有补救期的契约违反行为终止 6. 发行人的重大错报、弄虚作假或编造谎言 7.《破产法》第 7、9 或 11 章所述发行人的自愿破产申请提交

5.2　受托人违约后责任和审慎人标准

技术性违约与违约事件中受托人角色的主要区别在于审慎人谨慎标准。对于典型的违约情形，受托人仍主要遵从由受托契约管辖的机构标准。如发生违约事件，受托人将升级至按照审慎人谨慎标准行事。这一升级是由于受托契约定义的违约事件实际发生时所触发的。该定义可能由于所述受托契约要求的不同而发生变化。

受托人升级至更高谨慎标准的过程如图 5-2 所示。

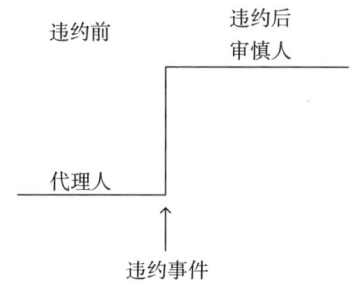

图 5-2　受托人升级至更高谨慎标准的过程

为理解审慎人谨慎标准对受托人意味着什么，重点是记住受托契约中包含的审慎人用语表述的内容。

受托人必须依照审慎人根据受托契约的定义在处理其自身事务时所应采取的行事方式行事。审慎人的正式措辞为：

在违约持续期间，受托人应按照受托契约的定义（我们这里指违约事件）行使受托契约赋予的此等权利和权力，且应在行使时使用与审慎人在处理其自身事务时所用程度相同的谨慎和技巧。

这大致意味着受托人行事时必须视同其自有资金面临重大风险。受托人应尽其所能在当时情况下，作出正确或审慎的决定。审慎人谨慎标准使受托人在法律上和实践上都处于更苛刻的地位。做正确的事可能意味着采取各种行动，甚至是不采取行动，而所有这些都为实现一个目标：保护债券持有人利益，以尽可能地追回。但这不是保证，无法追回的可能性始终存在。我还想强调的是，审慎人标准并非受托标准。

谨慎标准意味着受托人必须主动升级成：为债券持有人追偿。这可能是一个漫长的过程，我将在讨论破产时再细致地进行探讨。受托人不得松懈，必须时刻保持警惕，以努力代表债券持有人。受托人成为审慎人的额外责任并不意味着受托人必须是完美的。不要求受托人达到无法达到的完美标准，因此不存在无限责任。

如果受托人做到两件非常重要的事项，受托人将受到审慎人标准的保护：

1. 聘请顾问代表受托人。

2. 真诚地积极行事。

补救措施

受托人可获得的救济：

● 使证券加速到期的权利：为立即要求发行人全额支付所有剩余未付本金和应计利息，受托人有权宣布债务加速到期，从而通知发行人，受托人实际上要求所有债务到期且应向债券持有人支付。随着加速到期，受托人此时正式确认债券持有人作为债权人的索偿权，可作为破产发行人资产索偿权的一部分得到偿付。

● 追回权判决：受托人可根据法院在对发行人的判决中宣布的任何索偿权依法向发行人追回。依判决追回将适用于应付给债券持有人的金额以及受托人的费用和开支。

● 根据"依衡平法"对特定履行同意项下损失提起诉讼的权利：受托人拥有通过"依衡平法"诉讼的方式起诉发行人或其他负责第三方以进行追偿的重要权利。"依衡平法"指提起诉讼，以实现公平分配或支付，从而公正地补偿受害方（债券持有人）。

"严格执行"指受托人提起诉讼以获得有针对性的或具体结果的权利。例如，对于发行人为债券持有人担保的财产，法院裁定发行人进行投保或纳税。

- 抵押财产的登记权和占有权：登记权和占有权赋予受托人实际占有债券持有人的财产或其他有形资产的关键权力。

- 出售或处置抵押财产的权利，无论是否登记：即使受托人没有实际登记财产，受托人也有权出售财产或抵押品。这允许受托人灵活选择快速清算抵押品或财产。对于任何出售行为，建议受托人通知并寻求债券持有人的批准。

- 对抵押品行使所有权的权利：受托人现在可完全作为所有人行事，以便更充分地保护债券持有人的索偿权和可能追回的财产。

- 指定抵押财产接管人的权利：受托人拥有指定单独的第三方管理财产的法定权利。

- 通过合理的司法行动取消抵押品赎回权的权利：受托人拥有取消抵押品赎回权和取得有形财产或抵押品所有权的重要法定权利。这是为债券持有人保留和追回资产的关键一步。

- 参与破产和提交索偿权证明的权利：这是受托人在确立法定债券持有人索偿权（作为发行人破产不动产的债权人）的破产法律程序中提交合理索偿权申请的法定权力。提交索偿权证明是受托人的一项重要权利和义务，同时还有加速债务到期的权利。

上述救济是授予受托人的重要权力，受托人可酌情使用。

自由裁量权

对于美国的受托人，"酌情"一词与受托人违约前的角色无关。然而，在违约后的世界中，根据审慎人标准，受托人现在拥有酌情权。与该酌情权相伴而来的是自由裁量责任。受托人有权聘请顾问和其他专家。受托人还可通过依赖顾问建议、寻求债券持有人赔偿和接受债券持有人指示的形式获得保护。因此，作为受托人，我们现在有责任成为债券持有人、甚至所有债券持有人的积极辩护律师。

值得注意的是，在英国，受托人要始终遵循审慎人标准，违约前和违约后都是如此。谨慎本身并不可怕。英国受托人从交割开始就谨慎行事，且多年来一直顺利地如此行事。因此，我不会被谨慎吓到在夜里尖叫着逃跑：因为我理解这种强化的角色，我的责任在受托契约中有明确的规定，我也会得到相应的报酬。

违约后，美国受托人必须迅速、适当地谨慎行事。

通知

受托人违约后的一项重要责任是发出通知。信息必须以及时、准确的方式流向债券持有人，尤其是在违约后，此时无力支付的风险要高得多。受托人现在发现其可酌情决定在何时说些什么。例外情况是首次发生违约事件。在这种情况下，要求受托人及时向债券持有人以及可能的其他第三方及时发送事件发生通知。何时发送通知和通知中的内容应始终根据违约后顾问的适当建议来决定。一般的经验法则是，"如有疑问，发出相关通知"。受托人应尽快发出通知，并尽可能多地提供事实信息。后续将会有更多的通知。只有在极少数的实例中，受托人才会扣发通知——只有在与所有相关方仔细讨论并得到顾问大力支持时。

通知应包含哪些内容？通知应包括对违约事件性质的简要描述，以及受托人采取的行动。该通知是受托人公开记录其为保护债券持有人所做的积极工作的第一次机会。受托人应在通知上签字。通知还应包含以下声明：

- 随着事件的发展，受托人将提供后续通知。
- 受托人将积极为债券持有人进行追回，并代表债券持有人利益。
- 受托人要求债券持有人提供其联系信息，以使得受托人能够与债券持有人直接沟通。
- 受托人添加其联系信息以及受托人顾问的联系信息。

违约后的附加责任

违约后受托人的剩余职责将由发行人相关的事件决定，因为这些事件与债券的最终偿还有关。受托人行为示例包括：

- 召开债券持有人会议
- 加入债权人委员会
- 保护抵押品
- 保存记录
- 进行分配

正如我之前提到的，所有违约事件的情况都不尽相同。每一种情况都有其自己的道路，受托人也必须如此。

5.3　最佳实践做法：受托人如何履行违约后责任

为成功商定违约后受托人必须遵循的这条艰难道路，可参考在这一过程中可提供帮助的一些最佳实践做法指南。无论情况如何，受托人必须立即采取行动。无论受托人是从发行人处收到违约事件通知，还是早晨在《华尔街日报》上读到破产申请，最重要的是没有其他优先权。

违约后受托人必须采取的行动包括：

- 了解事实：聘请顾问以收集违约后情况的所有可能的事实。
- 聘请顾问：然后联系发行人或发行人的顾问，以确定当前情况。
- 积极主动：收集所有文件以便及时审查违约和补救部分，并警示债券业务，避免意外付款。
- 评估现在是否存在利益冲突：确定你作为受托人是否存在冲突且必须辞职。
- 评估和保护抵押品：确定抵押品所在位置以及是否适当确立担保权益（例如，《统一商法典》记录）。
- 准备通知：包括随后的通知和顾问的建议。
- 寻求债券持有人的批准和赔偿：召开债券持有人会议。
- 聘请专家：根据需要引入相关专家，如会计师或其他专家。

了解事实

受托人必须立即收集关于违约情况的所有事实。必须立即完成大量工作，包括审查受托契约条款和其他相关文件，确定发行人的地位和抵押品，以及准确澄清违约的性质和发行人的意图。顾问在最初的事实调查阶段是很重要的合作伙伴，且应在评估法律状况以及违约的商业事实方面发挥重要作用。为作出合理决定，最为重要的是受托人应尽可能全面地收集所有事实。

此外，为使受托人妥为告知债券持有人该等情况，受托人需要掌握尽可能多的信息以作为其行动的依据。换言之，受托人应查明正在发生什么，并据此采取行动。

聘请顾问

在违约后程序中，必须立即聘请有经验的顾问。需作出许多法律决定。知道在此关键时刻找到哪些人员也很重要。顾问应具有破产程序方面的经验，并熟悉受托人的工作。顾问应是受托人认识并信任的人。经验是无可替代的。受托人和顾问之间良好的工作关系对于债券持有人最大限度地追偿以及防止受托人采取不当行动至关重要。现在焦点都落在受托人身上，当前要务就是要格外小心。作为积极合伙人，优秀顾问对于受托人取得最佳结果和避免违约后雷区的陷阱至关重要。

在一些情况下也可能需要任命当地顾问（即熟悉当地法律，更重要的是熟悉当地司法系统的人）。由于当地顾问参加当地听证会、提出动议、取消财产赎回权以及处理其他事务时，受托人或其顾问无须来回奔波，聘用当地顾问也可能使费用降低。当地顾问可提供重要的现场联系方式，并获得准确、最新的信息，为受托人的行动带来极大的帮助，使受托人在事态发展时及时掌握情况。因此，当地顾问可为受托人诉讼案提供极大的帮助以最终取得成功。

积极主动

受托人应迅速采取行动。推迟决策会损害债券持有人的地位和最终的追回。关于受托人积极行动的记录将极大地提高债券持有人的追回机会，而这毕竟也是受托人违约后的主要目标。依照债权人委员会的建议并获得破产法院的批准后，展示积极行动并记录也将尽可能地提高全额支付受托人费用和开支的机会，从而使受托人受益。

准备通知

受托人的最佳实践做法是尽早和经常沟通。此处的"经常"指尽量多次提供相关信息。最佳实践做法还包括定期更新通知以告知债券持有人该程序的状态，即使没有太多事情发生。这也表明受托人是积极主动的，这是一个明显的好处。请务必附上债券持有人的姓名、电话号码和电子邮件地址以方便联系。最好使用顾问联系信息作为询问的主要集中点，这样可通过顾问提供的信息来降低受托人面临的风险。

我建议让顾问作为联系人来接受债券持有人/第三方的电话，以代替管理员。这是因为管理员没有接受过回答这些询问的培训，可能会泄露非公开信息。

召开债券持有人会议

谨慎受托人应始终考虑出于提供信息和寻求指导的目的召开债券持有人会议。受托人的额外获益是与债券持有人建立关系，以准确评估其关切和思维过程。顾问应主持会议，会议应详尽规划并有精心准备的议程。即使债券持有人实际上很少出席，但债券持有人会议对于展示受托人的主动性也是很有价值的。

加入债权人委员会

对受托人而言，最佳实践做法是在破产时尝试加入债权人委员会，成为有投票权的成员。即使受托人以无表决权成员的身份参与，受托人作为债权人参与该程序以更充分地代表债券持有人利益也很重要。

保护抵押品

在违约后的情况下，受托人往往难以决定何时以及如何保护抵押品。实际占有始终是保护抵押品的一种可靠方式，但有时可能不切实际。例如，在一次设备信托发行中，由于航空公司违约，受托人是否应停飞所有飞机并将其停放在银行停车场中？这可能不是首选的行动方案。

违约后的最佳实践做法是，受托人快速评估抵押品的状态，并采取一切必要措施为债券持有人保留抵押品。受托人既无专业知识也无实际能力充分保护抵押品时，受托人履行这一责任的另一种方式是雇用第三方。

关键是受托人通过维持保险范围和任何违约后《统一商法典》备案的方式估量抵押品。

寻求债券持有人的批准和赔偿

最佳实践做法是尽可能地寻求债券持有人的批准和赔偿。受托人应始终努力在受托契约中添加关于这些意外情况的规定。然而，由于多种因素，受托人有时无法获得这些保护。如有必要，谨慎受托人应准备在没有指示或赔偿的情况下采取主动行动。其他因素包括难以找到债券持有人并与其沟通，以及一个或多个债券持有人可能不愿提供指示或赔偿。

然而，由于债券持有人可能抵制、延迟或出于任何原因断然拒绝给予指示或赔偿，获得这些保护时可能会遇到阻碍。越来越多的受托人会发现自己在没有这些保护的情况下难以行动。这时，术语"谨慎"对受托人而言有了更加令人心动的含义。此处的最佳实践做法是"做正确的事"，但谨慎的受托人应始终接收支持性的陈述和意见以巩固其决策。

聘请专家

谨慎的受托人应始终在需要时寻求专家的建议。示例包括：以飞机支持的违约债券发行方面的航空专家；环境专家；会计师；房地产专家；和其他行业专家。最佳实践做法是获得专家的书面方案。同样，受托契约应允许受托人以发行成本或用债券持有人赔偿雇用专家。

谨慎的受托人首先应雇用所需专家，然后再考虑追回。

受托人违约专家

规模较大的受托人拥有资源和活动来证明设立违约专家的合理性。无论是团队还是个人，违约专家都会介入，以接管违约，直至得出结论。一些银行将全部关系转移至违约团队。我把这一概念称为"把一切都扔过墙去"。而另一些银行则引入了客户服务管理员。

我拥有这两种模式的经验，推荐的最佳实践做法是双重参与方法。为什么？这种方法不会导致你失去所有账户信息，这也是"越墙"方法的趋势。此外，这种方法允许你分散工作负载，并将机械的流程交给管理员。这样违约专家即可专注于其他违约方面。

专业违约组中经验丰富的违约员工可更好地管理违约程序。这一经验有助于受托人谨慎行事。

一些受托人没有组成违约组所需的资源或专业知识。次佳方案是尽你所能雇用最好的顾问来协助你的客户服务管理员（或管理者）。顾问拥有违约方面的经验以及所需时间和专业知识，可通过指示合理的受托人行动专门为银行提供妥善的保护。

结论

受托人的违约后角色要求受托人比其违约前的代理角色更加警惕。对于违约后的受托人而言，最佳实践做法是积极主动、加强沟通和咨询顾问。

受托人应获得帮助、指导并聘用优秀的律师，以协助其顺利履行自身在违约后的相应职责。审慎人标准下的更多酌情权将增加受托人的权限和责任，要求受托人据此行事。毕竟，这也是受托人存在的原因，即在违约后的情况下，债券持有人无法获得交易收益的风险加大时，受托人要行动起来保护债券持有人。对受托人而言，这是风险更大的一段时间，此时受托人的行动将被置于显微镜下受到严格审查。然而，这是受托人应扮演的角色，受托人也可在扮演该角色时提供最大的价值。

章节摘要

- 一旦发生受托契约中规定的违约事件，受托人的违约后角色将从代理变为审慎人。谨慎行事的四项重要原则包括：（1）积极主动；（2）征求顾问和其他专家的意见；（3）尽早并经常与债券持有人沟通；和（4）认识到受托人现在扮演自由裁量角色。
  - 技术违约和违约事件的主要区别是：
    - 补救期与无补救期；和
    - 代理标准与审慎人标准。
  - 违约事件的示例：
    - 破产申请；
    - 无力支付本金；和
    - 编造谎言和错报。
  - 受托人违约后的最佳实践做法是：
    - 迅速采取行动。
    - 聘请顾问。
    - 积极主动。
    - 了解事实
    - 经常发出通知。
    - 寻求债券持有人的批准和赔偿。
    - 雇用违约专家来协助你的员工。

 **案例研究**

你是一个市政私营活动收入债券的受托人，而发行免税债券是为建

造一个储存易腐水果的仓库。仓库位于佛罗里达州的奥兰多市。仓库和水果库存都是支持收入债券的抵押品。管理仓库的私营公司（债务人）刚刚宣布第 11 章所指破产。

受托人应在何时采取怎样的谨慎措施？

回复

自破产申请之时起，受托人即应遵从审慎人谨慎标准。由于仓库和水果代表债券持有人的抵押品，受托人必须立即采取行动以保护该抵押品。现在是 7 月。奥兰多市的温度超过一百华氏度。

受托人不能等待债券持有人的指示或赔偿。必须立即采取行动。这包括确保支付电费以保持空调和冷藏系统的正常运行。如果受托人推迟采取使冷却机保持正常运转的行动，债券持有人利益一定会受到损害。此外，受托人必须立即采取其他措施，让管理者和工作人员运营该设施，雇用安保人员保护该设施，并延续该财产的所有保险范围。其他任务包括维护设施和寻找买家。

简言之，在违约事件中，作为审慎人的受托人必须做很多事情，每一种情况都有其特有的挑战和风险。

第6章

破产流程和受托人的参与

导言：纽约州纽约市—1996 年

我迄今为止涉及受托人的持续时间最长、诉讼最多的案件之一是担任专家证人。该案称为"蓝鸲"①，涉及设备信托债券的几个继任受托人，其中的受托人拥有美国大陆航空公司飞机和发动机的所有权。大陆航空公司于 1991 年申请第 11 章所指保护。诉讼始于 1993 年，持续了 13 年。

诉讼的激烈程度是该案最引人注目的方面之一，在该案中，几个"秃鹫基金"投资者起诉受托人未能代表债券持有人采取适当行动，即追回其资金。

---

① Bluebird Partners，L. P. 诉 First Fidelity Bank，N. A. 等，第 40 号（2000）。

这是一个引人入胜的案例，对受托人有着重大影响。我通读所有证词和文件后，我真的认为我所代表的受托人做了大量工作来积极保护债券持有人利益。受托人聘请了专家，包括法律专家和行业顾问，而他们也给出了详尽的意见。受托人定期与债券持有人举行会议，让他们了解情况。受托人还发出通知，不断征求债券持有人的意见和指示。面对破产的所有不确定性，受托人永远无法准确得知正确的行动方案应是什么，每一种情况都是独一无二的。

受托人能做到的最佳举措就是积极主动，雇用专家并向其咨询，为债券持有人打开沟通渠道。

在该案中，受托人做到了所有这些，但仍被秃鹫基金投资者起诉，理由是其未能谨慎行事。这一案例让我认识到，对于受托人而言，破产下的风险只是后见之明，这永远也不会让债券持有人满意，他们会为了收回其投资而寻找资金雄厚的一方（受托人）起诉。在该案中，秃鹫基金代表参加了所有受托人会议，但也一直在秘密会见其顾问，试图收集可供起诉受托人的事实。每次受托人向秃鹫基金寻求指导时，秃鹫基金都会拒绝。然而，秃鹫基金总是越过受托人的肩膀看去，等待出击。经过 13 年的诉讼，此案最终对受托人作出判决。

章节目标

上述案例会使任何置身其中的受托人陷入非常令人不安的境地。需要专业知识、优秀的顾问和一点运气才能毫发无损。然而，这也正是受托人存在的原因：尽最大能力服务和保护债券持有人，即使债券持有人不认可受托人的努力或批评其作出的这些努力。受托人必须尽其所能捍卫所有债券持有人的利益。这有点类似于做一个十几岁孩子的父母，有时这是一项吃力不讨好的任务，但我们不能动摇。这就是动荡不安的破产世界，受托人可能会发现自己也陷入其中。

破产程序以其独特的运作方式体现了法律的基本原则。发行人不履行应对债券持有人尽到的付款义务时，受托人参与破产程序。事实上，发行人破产是最常见的违约事件，此时受托人进入审慎人标准。因此，对于受托人而言，彻底理解破产程序至关重要，因为这涉及受托人的违约后责任。幸运的是，受托人可在整个过程中向真正的破产专家——破产律师——寻求指导。为在破产程序中成功地实现债券持有人最大程度地追偿的目标，最好的办法就是聘请擅长破产业务的优秀、有经验的破产律师。

尽管对破产程序的全面分析超出了本书的范围，但我仍有意为受托人提供如下指示：

Ⅰ. 与受托人相关的破产法和程序概述

Ⅱ. 受托人在破产中的责任：最佳实践

Ⅲ. 受托人不履行破产责任的风险

看到本章末尾时，读者会理解受托人是如何参与破产程序的。

6.1　与受托人相关的破产法和程序概述

破产史

美国破产法律的演变反映了美国不断变化的商业发展和国家经济利益与法律理念的融合。美国最高法院对破产的核心定义是："无非是无力偿还、或独占、或存在欺诈嫌疑的债务人，与其债权人解除关系的一件事项。"债权人和债务人利益的这种平衡会尽量公平对待债权人，同时使诚实的债务人摆脱现有债务造成的永久障碍。

换言之，破产保护的概念是，使债务人（欠钱的人）免受其债权人（出资的人）的索赔。在美国，债务人根据破产法的一个章节申请保护，从而在债务人周围建立一道保护墙。破产保护旨在为债务人留出解决其困难的时间，以便在可能的情况下继续经营。这是债权人得到偿还的最佳机会。另一种方案是清算资产，如在第 7 章诉讼中所述。

这种给予债务人第二次机会，有时是第三次或第四次机会的概念是美国所独有的，反映了我们的理想和商业哲学。这种经营理念是，任何人都应有机会创建一家企业，努力拥有一种企业家的"让我们冒险一试"的心态。

纵观历史可发现，在债务人与债权人的关系中，债务人一直处于不利地位。如果债务人无法偿还债务，简单的解决办法就是把他扔进监狱或地牢。在英国，直至中世纪，债务人入狱都是债务人的常见刑罚，而美国破产法也起源于英国。历史上只有少数几个孤立的例外情况，一个是罗马法中的"Cassio 借款人"概念。Cassio 借款人是在朱利叶斯·凯撒时代发展出的。该概念规定，如果无力偿付的债务人自愿接受诉讼，并出于债权人的利益诚实、彻底地交出其所有财产，债务人就不会受到处决、监禁或奴役的威胁。

违约入狱　　　　监禁

图 6 - 1　债务人违约入狱的不利地位

这种处决或监禁的制度未能很好地促进商业的发展。因此，随着中世纪以后商业的不断发展，特别是在英国，一种看待债务人和债权人关系的新方法出现了。被称为"伦巴弟人"（Lombards）的意大利商人是欧洲最早的银行业者和经纪人之一。

这也是术语"破产"的由来。古意大利语中，"banque"（交易商摆放货币的板凳）发生"rupt"（折断）。意味着无力偿还方无法给出资金，无法偿还其债务，该词也用作财务失败的象征。这也标志着有必要改变旧的偿债方式。

美国的开国元勋对此有不同看法。因此，他们在美国创造了一种叫作破产保护的新概念。《美国宪法》第 8 节第 I 条授权国会"在全美国就破产问题制定统一的法律"。自从宪法制定者在 1787 年增加了这一条款以来，已颁布一系列国家破产法。今天，这一进程仍在继续。

美国立法者的独特之处在于，其试图在债权人和债务人的需求之间达成平衡，使得债权人仍能提供资金，而破产的债务人有机会重新开始，因此美国的破产法仍将继续演变。美国是适合经商的国度。《破产法》将继续演变，以适应不断变化的商业需求。国会已表示，如果出现新的经济问题或融资工具，其将毫不犹豫地修改《破产法》。

《破产法》现状

《破产法》也称为《破产法典》。它们包括国会定期颁布的一系列法律和修正案。对于公司/市政债务人和个人而言，破产的概念已演变成给予债务人第二次机会，支持其重新开始。破产不再视作一件"坏事"，而是变成鼓励债权人尽量追回，也希望债务人不受惩罚、不被羞辱的程序。

关于根据《破产法》向破产法院申请保护的债务人，可能涉及受托人的当前破产章节如下：

- 第 7 章：清算
- 第 9 章：市政重组
- 第 11 章：公司实体的重组
- 第 13 章：个人的单独申请
- 第 15 章：跨境破产

受托人最有可能参与根据第 11 章提出的公司重组申请或根据第 9 章提出的市政申请。第 11 章涉及申请破产保护且努力争取时间以便与债权人一起制定一个可行的偿付计划，同时继续积极开展业务的公司。例如，申请破产的公司有联合航空公司、安然公司、凯马特公司和全美航空等。第11章的大多数申请都是自愿的，这意味着债务人通过向破产法院提出申请的方式寻求破产保护。尽管不太常见，但也存在强制破产的情况，即3个或3个以上的债权人申请法院让债务人破产。

因为政府认识到市政当局与公司不同，第9章所指保护专门针对市政当局。个人不能接管一个城市、县或州，然后随意卖掉学校、公共建筑或道路。不能选择清算。此外，也不能没收资产本身。大多数的市政融资涉及两类债券：一般债务和收入债券。第9章承认市政当局的独特性质，并已发展为照此合理地对待市政融资。

关于第9章所指破产，意义最重大的市政案例是底特律市。该破产案例的解决为未来的市政当局设定了标准。

对公司而言，资产本身可作为融资的担保，因此可被债权人没收、取消赎回权或出售。对于由特定资产/项目收入支持的市政融资，根据第9章"市政当局破产"保护债权人的收入来源。第9章通过保护债权人（即债券持有人）对市政破产收入的索偿权，保留了市政融资的一些独特性质。一种例外情况是工业收入债券（IDB或IDRB）形式的私营活动市政收入融资，其中私营公司租赁出于私营目的建造的工厂或设施。在这些情况下，不仅收入，实际财产本身也可能在破产中被没收。这通常见于第11章借款人申请。

第7章是清算，其中并无重组债务人的计划，仅清算债务人的资产并在债权人之间分配。

破产法院和法官

专门负责破产的特别破产法院施行《破产法》。法官是联邦地方法院的延伸。共8个破产区，主要破产区为特拉华州、纽约、芝加哥和洛杉矶。无陪审团，仅有一位破产法官，其只有批准申请、概述破产法院程序、批准动议并审批最终重组计划的权力。法官裁决法院审理的所有事项，包括支付给含受托人在内的所有参与方的费用和开支。对破产法官的裁决提出上诉的情况非常罕见。

破产法院可指定一名破产受托人代表法院监督债务人和债权人或交易的各个方面，包括监督破产财产的维护。

避免将破产受托人与受托机构混淆，或者与一些人所说的契约受托人混淆。

典型破产案例

概述典型破产案例中涉及的步骤很有帮助。由于每一次的破产都是独一无二的，"典型"也只是一个相对术语，但破产案例有一个受托人应熟悉的特定模式。视债务人的规模和情况而定，破产程序可能会耗时6个月到3年或更长时间。预先打包破产可能需要数月时间。通用汽车公司破产就是一个仅持续60天的示例。当前趋势似乎是缩短债务人破产的时间。其原因是：破产代价高昂。由于员工、供应商和客户可能离开，破产也对公司不利。在通用汽车公司破产时，因为担心保修服务和零件供应没有保证，谁还会买该公司生产的汽车？因此，各方都有一种紧迫感。以下所列步骤大致是按照描述的顺序排列的，但时间表取决于每一次破产的特殊情况。从开始到结束，一年半到两年半的估计时长相当普遍。从受托人角度来看，程序中的步骤如下：

1. 债务人向破产法院提交申请书。

2. 破产法院批准或驳回申请书。通常情况下，该裁决发生在提交后数天内，甚至在提交当天。

3. 受托人收到债务人的正式通知，或通过新闻媒体或其他第三方了解到提交申请。

4. 受托人收集所有记录，同时聘请顾问，顾问立即获得破产申请的副本。

5. 受托人确定是否存在其出于继任受托人的利益考虑而需要其辞职的利益冲突。

6. 受托人顾问向破产法院提交索偿权证明，并向发行人提交加速到期通知。

7. 属于正式违约事件的破产申请通知由受托人顾问准备，经受托人批准，并在必要时发送给债券持有人和其他人员。

8. 受托人为任何抵押品提供保护或担保，无论是实物保护还是法律担保，或视需要同时提供这两种保护和担保。

9. 如可能，受托人寻求组建债权人委员会。

10. 受托人和顾问监督破产法律程序，并视事态发展在需要时向债券持有人报告。

11. 受托人可能需要保护抵押品，并聘请专家来管理或维护抵押品。

12. 如果事件进展需要，受托人可召开债券持有人会议，并在整个过程中努力找到债券持有人。

13. 债务人向法院提出重组计划。债权人可批准该计划或向法院提交其自身的计划。法院将成为仲裁人，并与各方合作，直至最终计划出现并得到 3/4 的债权人和各类债权人（即有担保和无担保债权人）半数的批准。

14. 计划细节由债务人执行，而这可能导致根据债权人的各种地位向其分配现金或证券。

15. 受托人将对其债券持有人进行分配。可能有若干种分配或一种最终分配。

16. 如果在之前并未以管理费用的形式向受托人支付费用，则受托人在分配给债券持有人之前，可按照破产法院的批准收回费用和开支。

破产条款：受托人入门

有特定于破产的专门用语。除其他外，受托人最需要了解以下术语。

索偿权证明：向破产法院提交的正式申请，正式确立债权人在破产中的索偿权。受托人顾问通常会在 24 小时内提交索偿权证明，以确定受托人作为债权人代表债券持有人对未偿债券的所有未付本金和利息的索偿权。

加速到期：受托人向债务人提交的通知，宣布所有到期应付的本金和利息。许多人认为，受托人有必要加速债务到期，以代表债券持有人触发其作为债权人的索偿权。

自动中止：阻止债权人实现对债务人的索偿权的破产程序。债权人的索偿权被"中止"或停止。这样可通过保护债务人的资产来保护债务人。这样做还可以保护某一类的债权人，防止任何单个债权人获取可能本应被所有债权人获得的资产。在某些情况下，如果经破产法院批准，认为符合债务人或债权人的最佳利益，可取消自动中止。

充分保护：该概念指如果债权人认定，一旦允许债务人继续持有资产/抵押品，将对债权人的最终追回造成不可弥补的损害，则这种情况下可取消自动中止。

例如，一家受到破产保护的航空公司未能妥善维护飞机，而飞机是债券发行的抵押品。作为债权人，代表债券持有人的受托人可带头请求自动中止，并将抵押品退还债券持有人。换言之，从航空公司带走飞机。在大多数情况下，破产法院都会批准任何此类动议。

债权人委员会：由某一类债权人（即有担保或无担保债权人）的所有债权人组成的委员会，这些成员出于在债务人处和破产法院更有效地代表其地位的目的而聚集在一起。受托人通常作为有表决权或无表决权的成员参与。债权人委员会就破产法律程序和结果作出重要决定，也可成为一个或多个债权人发起的重组计划的集中点。如果债权人认为债务人的计划不够充分，他们可制定自身重组计划。

实质性贡献第 503（b）（3）节：直接引用契约受托人，并确立一个概念，即如果契约受托人对破产法律程序作出"实质性贡献"，则他们有权就包括顾问费在内的费用和开支获得补偿的破产法章节内容。该措辞的意图是最终确立契约受托人获得偿付的权利。然而，一些破产法院错误地解释了这一规定，为受托人的追回设置了额外的障碍，并将对哪些行为构成实质性贡献的解释留给法院酌情裁定，这一结果并非第

503（b）（3）节的起草者所期望的。受托人应注意这一潜在障碍，必须在每一个案例中充分展示并记录其积极、勤勉的行动，以支持其费用收回主张。

锁定权利：在对债券持有人进行任何追回分配之前，受托人对收回其费用和开支以及顾问费的优先要求权。在向债券持有人支付差额前，受托人有权首先从破产的任何分配中抽回其资金。该条款应始终作为受托契约的一部分，且由于它降低了受托人代表债券持有人付出的努力得不到回报的风险，因此也是良好的商业惯例。

优先权：规定将债务人在破产申请前 90 天支付的某些款项退还债权人的破产概念。其目的是防止不道德的债权人在向破产法院提出申请前的关键时期剥夺债务人的资产，损害其他债权人的利益。破产法院可确定为优先收款（即，表现为某些债权人相对于其他债权人获得不当优惠/好处）的任何此类付款，法院可裁定这些付款应予以"返还"，即出于所有债权人的利益而返还至破产财产。包括向受托人支付的某些款项，如费用和开支或本金和利息付款（不受信用证索偿权的保护，可被视为优惠证明），如果是在 90 天期限内支付，也必须退还法院。

管理费用：破产法院认为债务人在破产保护下继续经营所必需的费用。法院在破产法律程序的过程中支付这些费用。受托人可努力让其费用视为管理费用，以便在整个破产法律程序过程中得到定期偿付，这样受托人就不必等待最终分配，也无须冒着法院因任何原因减少受托人费用和开支的风险。

申请前和申请后：破产申请被破产法院批准之前的时间段，以及破产申请得到批准并生效之后的时间段。受托人的角色显然受到破产批准有效的时间段的影响。申请后审慎人标准将约束受托人。

实质性合并：由破产法院将资产并入破产财产的破产概念。这就好比是一个将所有东西都拉向中心的漩涡器。受托人必须保护好为债券持有人留出的作为担保的资产，以避免破产法院和其他债权人希望尽可能多地抽出资产，并用去帮助债务人运营或使债权人获得最大限度的追偿。有关受托人的真正发行是收入债券发行和结构性融资发行。这些发行已明确质押了资产，受托人必须努力为债券持有人保留这些资产附带的已确立担保留置权，并防止其留置权被破产财产锁定。

破产受托人：法院指定的受托人，代表法院与债务人和债权人一起监督破产程序。破产受托人的职责可能包括管理破产财产或与债务人合作管理其事务。某些破产可能没有破产受托人。这只是取决于具体情况和该程序是否需要第三方援助。

预先打包破产：最近的一个概念，即债务人和债权人可通过在债务人提出申请之前合作制定一项重组计划来避免有时漫长而昂贵的破产程序。因为债务人和债权人已在申请前商定一项重组计划，所以计划能很快获得批准（在数周或数月内，而非耗时数年）。

显然，这对有关各方都有很大好处。在新的重组计划下，债务人可高效重组并迅速摆脱破产以继续经营业务。这节省了时间和金钱，且对业务的破坏更小。债权人通过促进债务人实现更快、更平稳过渡的前景而受益，债权人希望这种方式可以保护债务人的资产，从而促进债务人持续经营公司且取得成功的前景。对包括受托人在内的所有各方而言都是双赢，而受托人可看到破产的快速解决，以及所希望的带给债券持有人的好处。这是一个不断增长的良好趋势。

重组计划：《破产法》第11章的目的是在债权人同意的情况下，给予债务人重组的机会，同时保护其资产免受债权人的攻击。《破产法》规定，债务人必须在获得破产保护之日起的180天内提出重组计划。法院可批准延期，而且也经常如此。此外，债权人还有机会提交自己的重组计划。然后，法院将裁定使用哪一项计划，或者是否合并彼此竞争的计划。法院也可酌情拒绝任何和所有计划。任何最终计划都必须得到3/4的债权人批准。由此出现的1/4的不同意者将会有一段"愉快"的经历，即法院会将计划"硬塞"在他们身上。没有追索权。

受托人对上述条款的熟悉程度对于其在破产中履行职责非常重要。

6.2 受托人在破产中的责任：最佳实践

为遵守审慎人谨慎标准，受托人必须积极主动并保持警惕。请记住，每一次破产都是独特的，如下文所强调，存在若干种受托人应参与其中的最佳实践做法以便其成功地履行对于债券持有人应承担的保护者角色。

发出通知：受托人需要与债券持有人和其他适当的第三方（如信用增级机构）进行充分沟通，避免沟通不足。应在受托人获悉破产申请后24小时内发出通知（或尽快发出）。事实和细节需要清楚地传达，不得猜测。受托人顾问应起草通知。通知应要求债券持有人将其联系信息直接传达给受托人，以便建立联系人数据库。受托人将需要这些，以便将来以各种形式进行沟通，既向债券持有人传递更新的状态报告，又可就其进一步行动获得可能的指示/批准。提示，由受托人发出的通知应列出联系信息，包括受托人和其顾问的联系信息。最好让顾问审查询问，以确保答复符合法律要求，并利用律师——客户特权防止此类答复出现在可能的诉讼中。如果诉讼接踵而至，则受托人希望避免"各执一词"的困境。受托人还将酌情决定是否发送额外的通知，以使债券持有人了解破产的重大进展。

聘请顾问：受托人应采取的最关键最佳实践做法是立即聘请最优秀、经验最丰富的破产顾问。由于必须准备和发送通知、分析破产申请、及时提交索偿权证明、发出加速到期通知以及履行其他重要职责，时间至关重要。

受托人与其顾问之间形成的伙伴关系对于受托人在破产中成功履行其职责至关重要。受托人应寻找了解破产程序的外部顾问（而非内部律师）。

聘请专家：受托人应聘请任何需要的专家或当地顾问让其在技术领域提供意见和建议。扮演其在破产中的困难角色时，受托人应毫不犹豫地寻求专家的帮助。惯常做法是雇用一名接管人来监管不动产并促进出售。

采用书面形式：受托人应始终遵循关于从顾问或其他专家处获得书面意见的最佳实践。债券持有人书面指示也是最佳实践做法，尽管在某些情况下，受托人在向债券持有人发送书面通知以告知受托人意图采取的行动时，采用"否定/同意"可能更具决定性。该文件还应说明，除非另有指示，否则受托人预计将继续沿着所述的路径推进。例如，在最终分配中，受托人应继续进行重组计划所提出的程序。获得书面意见后，受托人可保护自己免受批评，并证明其行事谨慎。

组建审查委员会：受托人的最佳实践做法是成立一个委员会，以审查和批准与破产和违约事件情况相关的行动。让更多的人审查事件并参与决策比让更少的人参与更好：更多的参与可确保考虑到所有方面。个人不应对这一艰难程序中的每一个决策单独负责。

TIA 还规定，受托人将决策提交至"信托委员会"非常重要；这表明受托人的谨慎行为。

为抵押品提供担保：受托人必须立即为抵押品/担保权益提供保护和担保，以保护债券持有人对于抵押品的权利。应由受托人顾问审查和完善法定所有权。可能需要实际占有抵押文件或证券等抵押品。必须雇用安保人员来确保建筑物和设施的安全，确保检查《统一商法典》申请，从而确保维护适当的担保权益。必须维持保险范围。抵押品的安全是受托人应承担的直接责任，也是保护债券持有人最终追回的关键。

维持保险：如果债券由土地、建筑物或个人财产形式的不动产作为担保，则可能要求受托人立即确保维持所有保险范围。通常，债务人可能不会支付保费，从而导致作为债券担保的财产/设备的保险范围被取消。最佳实践做法是受托人立即介入，评估需要何种类型的保险，然后确保保险的存续，即使这意味着用其自有资金支付保费。这将作为受托人的可报销费用计入。切勿让保险失效，因为如果发生破坏财产的破坏性事件（如飓风、火灾等），或如果发生责任事件，如有人在地产上受伤并提起诉讼要求损害赔偿（责任保险范围），这可能会造成毁灭性后果。

召开债券持有人会议：尽管这不是必需的，但受托人召开债券持有人会议是一种最佳实践做法。这些会议旨在介绍破产程序的状态、寻求债券持有人对受托人作为或不作为的想法和方向。

债券持有人会议能够更好地促进沟通，与受托人努力保护的债券持有人建立更好的工作关系。受托人顾问通常与受托人共同主持会议。应保存、提供使用会议记录。

参与债权人委员会：受托人积极参与适当的债权人委员会属于最佳实践做法。同样，受托人顾问可代表受托人发挥带头作用。有表决权或无表决权成员的积极参与表明，受托人的积极参与是在代表着债券持有人的利益。债权人委员会作为诉讼场所。受托人参与属于最佳实践做法，其可在整个破产程序中，持续参与沟通和决策过程。

出庭和提出提议：受托人必须通过其顾问，在破产法庭上提出提议，最终获得法院批准其费用和开支。明智的受托人始终会特别努力尊重法院和其他参与方，在破产过程中发挥积极作用。表现出好斗、蓄意阻挠的态度只可能导致破产法院拒绝受托人索赔的费用和开支。礼貌对待法官、尊重所有参与方，才会获得最佳结果。

及时、准确的分配：受托人将根据破产收益，向债券持有人分配。最佳实践做法是，受托人尽可能及时分配，同时，在债券持有人很可能只获得部分收回的情况下，谨慎地进行适当的分配计算。

及时和准确至关重要。由于法院的决定可能包括本金计算和利息的比例百分比，所以，受托人应与顾问、法院一起核实所有计算。

聘请违约专家：对所有受托人而言，由经验丰富的专业人员来执行破产清算属于良好实践做法。专业的违约人员/团队可成为真正的优势，协助受托人在破产中表现出色、规避风险。

管理偿债准备金账户：如不审查受托人应在破产和违约事件中如何处理储备金，则不会完善最佳实践做法的讨论。现行实践做法旨在确保受托人持有资金，以及支付受托人的费用和开支。该实践做法随着情况不同而改变。一些银行将使用资金支付顾问费，在解决破产之前，不予支付受托人费用。其他人则根据其持有的准备金，支付费用和顾问费。在结束破产或法院下令前，其他人不得动用储备金。换而言之，在方法上无真正的一致性。有关支持将储备金用于受托人费用的理由，如下所示：

● 债券持有人希望受托人代表其采取积极主动的行动。债券持有人意识到，受托人将在破产时，申请受托人费用。因此，债券持有人可能会认为，受托人应在该过程中得到公正的赔偿金。

● 受托人有权对资金收取留置权费用，再向债券持有人分配。

● 标准契约语言规定，受托人不必在无收回能力的情况下，花费自己的资金。

● 受托人有权在采取行动和使用储备金之前，获得赔偿，这可能会预先阻止要求赔偿的需要。

受托人及其顾问在漫长而开销较大的过程中所做的工作得到公正的赔偿，这具备很好的商业意义。有人反对受托人从某些债券持有人手中，取出储备金；评级机构认为，储备金首先属于债券持有人。我建议，受托人仔细考虑每种情况，评估这个问题的敏感性和采取相应的行动。我认为，这将继续成为争论点。

费用和开支以及如何将其收回：最佳实践

当破产时，受托人可能始终无法收回其部分或全部费用和开支。许多因素会影响收回费用和开支，包括这一事实：当言尽行毕时，可能无资金支付债券持有人或受托人。如何最大限度地收回费用和开支？请参照以下多种最佳实践做法：

让契约规定受托人的费用和开支作为破产时的管理费用。如果契约不包括这一点，则让顾问和法院及债权人委员会协商，将支付的费用和开支作为管理费用。由于通常会根据破产财产，持续支付受托人的费用和开支，所以，债权人同意这一点可能为其带来最大利益。计划分配和支付可用资金时（即向渴望资金的债权人分一杯羹），采用这种方法，受托人的费用和开支将不再是债权人争夺的另一种竞争费用。

- 受托人及其顾问应非常详细地记录花费的时间和开支。此处的最佳实践是，按小时创建详细的时间日志。例如，如果安排了会议，则受托人不仅要记录会议的日期和地点，还要列出出席会议的各方，以及讨论的内容和花费的时间。在这种情况下，越多越好。证明受托人费用的记录越详细，越有可能得到法庭的批准。

- 受托人需要保证该契约包含"锁存权"，这意味着受托人在追偿所有支付给受托人的费用时享有优先受偿权。然后，首先向受托人支付，再向债券持有人分发所有剩余资金。这一概念的另一个名称是"变更受托人的留置权"，旨在收回其费用和开支。

- 按照《破产法》具有重大影响措辞的第 503（b）（3）节的规定，提交受托人的费用和开支。该方法是最后的手段。这通常可称为《破产法》的"重大影响"章节。这是因为，法院不仅采取了不适当的自由权，还拒绝或明显减少受托人的索赔，裁定受托人未对破产程序作出"实质性贡献"。

英国法规与美国法规相比

除美国外，英国拥有最大的证券市场，因此，其值得进行更详细的研究。许多全球债券发行均根据英国法律发行。这是由于英国法律的高度稳定性，也是由于其在全球范围内被广泛和及时的接受。英语同样是国际商务语言。作为受托人，我曾在欧洲和亚洲许多地方旅行，且从未遇到用英语交流方面的问题。

英国为投资者保护提供框架的《1986 年金融服务法》（FSA）等效于《1933 年美国证券法》。在美国，政府机构 SEC 强制执行证券法律和强制遵守。在英国，自律组织（SRO）强制执行 FSA 的规定，其中最主要的是证券期货协会（SFA）。

尽管在美国，大多数债券发行不在交易所上市，但英国和欧洲的情况不同。在伦敦，公司发行债券并在伦敦证券交易所（LSE）上市的情况较为常见，此外还需满足 FSA 几项额外要求。

其中一项要求是发行人出具发行通告（或 FSA 规定的招股说明书），该通告应符合伦敦证券交易所在"黄皮书"（即规定在 LSE 发行的上市要求的书）中规定的所有要求。在美国，经《1990 年信托契约改革法》修订的《1939 年信托契约法》充分说明了受托人的角色和责任。在英国，经 2000 年修订的《1925 年信托和受托人法》，较为简略地描述了受托人谨慎标准，并以更广泛的方式描述了受托人角色。

欧洲债券市场在伦敦而非在纽约市发展的原因何在？一般而言，答案可归因于美国证券法的禁止性，实际上，在世界上没有其等效法律。根据《1933 年证券法》和《1934 年证券交易法》，SEC 主张对可能在美国或向美国公民提供或出售的证券发行拥有全球管辖权。SEC 的要求可通过向 SEC 登记来满足，但该做法成本高、耗时长，而且由于在美国以外没有严格的披露要求，这在一定程度上让非美国发行人难以接受。因此，将欧洲债券发行纳入 SEC 规则 144A 或第 S 条下的登记要求的例外情况较为常见。

对美国以外受托人的总体影响是更少的监管要求、更大的灵活性和不同的谨慎标准（即谨慎/理性人标准），因此始终管理受托人的行为，而不仅仅是在违约事件中。

当我在德意志银行工作时，我曾作为受托机构到世界各地出差。通过这段经历，我得出结论，未来信托业务的增长将在美国以外发生。

为什么是这样呢？海外证券发行量将比美国更具发展潜力。美国证券市场将不再是受托人的主要发行市场，信托业务大幅增长的机会将出现在全球市场。具有建立全球影响力的愿景和承诺的受托人将是这一新业务潜力的受益者。我毫不怀疑。

6.3　受托人不履行破产责任的风险

破产情况无疑将受托人置于审慎人的谨慎标准中，原因在于，这属于违约事件。因此，受托人现在应有更重要的职责"谨慎"行事，为债券持有人做正确的事情。就其本质而言，遵循审慎人谨慎标准（要求受托人酌情采取行动）所处的环境更危险。采用上文提及的最佳实践做法，确实可有效管理这种风险。

受托人将会受到往昔过失的困扰。奇怪的事实是，在破产或其他违约事件情况下，受托人面临的真正风险往往不是实际出现的违约，而是之前出现的违约。申请破产后，受托人会提高警觉，聘请顾问，保持警惕。最有害的风险来自于破产前因各种原因而发生的任何错误或过失。债券持有人或其他第三方可在或将在诉讼时，通过这些过失和错误来指控受托人，他们会指出受托人未履行其职责。换而言之，在破产前，受托人可通过做好本职工作，不仅能够极大程度地帮助自己，还能够有效地保护自己。以下领域是受托人在破产过程中面临的典型风险领域。

破产登记听证会

尽管契约应规定，发行人必须及时将破产申请作为违约事件通知受托人，但是，这种情况可能不会出现。结果可能是，受托人从其他人那里得知或者从《华尔街日报》或 CNN 上看到这些重要信息。风险属于可能发生的关键时滞：这是受托人及时采取行动的时间损失，因此，受托人可能会受到批评。受托人顾问可协助受托人接收破产申请的关键信息。

积极主动地转向审慎人谨慎标准

由于受托人现在拥有其以前没有的广泛自由裁量权，所以，从代理角色到审慎人角色的转变风险更大。一切都会改变。受托人必须积极主动行动，而非袖手旁观、遵从指示。现在需要一种新的思维模式，而这种新的思维模式确实包含风险。

秃鹫基金、私募股权基金和对冲基金

受托人必须警惕出现的新种类的债券持有人，他们购买不良债权的唯一目的在于实现快速盈利。这些投资者会毫不犹豫地对"资金雄厚"的受托人提起诉讼。

图6-2 秃鹫基金

信用增强机构

破产时，债券保险公司或备用信用证提供商将必须向债券持有人支付。然后，这些信用增强机构将向受托人寻求帮助，以确保受托人已完成本职工作。实际上，如果我们认为受托人未履行其义务，则信用增强机构不仅将成为债券持有人的最后手段，还将向受托人提起收回诉讼。

缺乏经验的工作人员处理这种情况

现在承担破产的所有义务履行和不确定因素是一项艰巨的任务。因此，缺乏经验的工作人员可能会带来风险，因为他们根本不知道如何从受托人的角度来管理破产情况的风险。帮助必不可少，可通过聘请经验丰富的破产顾问来为受托人提供建议，以及代表受托人。

与债券持有人进行沟通

受托人必须及时、准确地与债券持有人进行有效沟通。否则，受托

人将面临潜在的诉讼。此外，受托人必须小心谨慎，切勿优待一名债券持有人胜过另一名债券持有人。在所有关于破产的沟通中，受托人必须避免披露可能给某个人带来不公平优势的非公开信息。对于受托人而言，两种首选方案就是提供一致的消息和咨询顾问。在受托人得知违约事件后，应尽快准备一份初始违约通知，再将其发送给登记的债券持有人。

受托人随后自行决定发出通知，以便债券持有人了解重要发展情况。我建议定期发送通知，旨在证明受托人正积极主动地提出债券持有人的索赔，以及避免通知之间出现较大差距。

抵押品的担保

破产时，受托人必须为债券持有人提供充分的抵押品担保和保护。否则，无论是法律上还是实际上，受托人将面临债券持有人的担保诉讼，后者将指出，受托人未能充分保护其担保权益（作为主要责任）。

与破产法官及其他债权人树敌的风险

如果受托人及其顾问采取的行动傲慢、不专业或在该过程中肆意忽视所有人，则其将面临巨大的风险。受托人或其顾问自找麻烦的几种方式包括未能及时采取行动、蓄意阻挠，以及迅速增加不必要的开支。这必须由各方专业团队共同作出努力。事实上，我是在一个案例中观察到这种情况，对于法官而言，当时代表我们作为受托人的顾问既讨厌又好斗。结果是减少了（还可称为"削减"了）我们收回的费用。

诉讼的威胁

破产的简单事实是，部分或全部债权人可能得不到支付款项。不满意的债权人会寻找其他收回方式，即对受托人或其他资金雄厚的人提起诉讼。这一风险不可忽视，但可管理。许多提起的诉讼旨在达成和解而非受审。如果受托人已尽其所能，积极主动地保护债券持有人，则不必担心，因为受托人能够提出有效辩护。受托人在违约前或违约后，未能履行某些方面职责时，风险就会出现。同样，最佳的风险管理就是受托人做好本职工作。

不支付费用和开支

受托人始终面临费用和开支仅得到部分支付或根本得不到支付的可能性。受托人得不到支付款项的情况很少见，但是，破产法院削减受托人费用的情况很常见。

除了努力做好本职工作和彻底记录自己的开支，受托人无法阻止法院削减费用。

第 7 章

信托违约前后的风险管理和最佳实践

导言：伊利诺斯州芝加哥市—1975 年

我是一名年轻的信托管理人，负责医院收入债券的发行。有一笔主动建设资金可用于支付建设医院病房的费用。我正在处理其中一份用于支付已发生开支的申请。申请附有支持申请金额的发票。我翻阅发票证明文件时，发现一张 Mary's Bridal Shop 的 5 000 美元发票。我很惊讶，暂停了工作。这张发票为什么会在这里？这是一个失误，还是这也是工程建设的一部分？我应不应该进行支付？我要怎么做？

竟然发生了这种情况。这件事永远影响了我对风险管理的看法，还确立了我的坚定信念，即正确的风险管理：

- 主要是管理账户的人员及其职责；
- 是所有人的职责，而不仅仅是经理或合规专员的职责；

- 需要果敢。

我作为一名年轻的管理人，既没有经验，也没有真正的准则可以遵循。因此，我根据自己的专业判断和是非观念采取行动。我以为："如果我拥有医院建设基金这笔资金，那我会怎么用？"

我的回答是："建造医院病房实现收入以偿还债券的融资。"我自己回答这个问题后，就立即决定采取一切必要的行动来保证实现目标。其他做法都是错误的。

我觉得有些做法肯定出了问题，我决定无论如何都要解决这个问题。解决这个问题很重要。对作为受托人的银行而言，这很重要，对购买债券的债券持有人而言，这也很重要，对医院而言，这同样很重要，而对我的职业生涯和我想要如何做生意而言，这意义重大。

这个故事的结局很有意义。我咨询了经理，给医院打了电话，还咨询了我们的商务专员，还审查了契约和以往的申请，然后，我得出的结论是，不能支付这张发票。是的，我的确惹怒了医院的财务主管和商务专员，前者签署了这份申请，后者要求知道我得罪一位银行好客户的原因。但是我坚持自己的结论，支付 Mary's Bridal Shop 的发票这一做法不当。

结果表明，1 个月后，财务主管遭到起诉，罪名是欺诈和挪用公款。我很高兴没有损坏我们银行的良好声誉，还避免了因起诉医院财务主管带来的所有不必要的媒体关注。这个例子给所有人在信托方面都上了很好的一课。

章节目标

风险是所有业务的固有部分，同样适用于信托中。本章将探讨结算前后影响受托人的各种风险的独特之处。本章还将讨论违约后风险和风险控制的最佳实践做法，旨在更好地了解受托人在各种风险情况下应如何行事。受托人日常生活的关键部分包括了解什么是风险，以及如何成功管理风险。

如要了解现今受托人面临的风险，我将着重讨论以下这些关键领域：

Ⅰ. 定义关键风险领域和总风险环境

Ⅱ. 结算前、结算后和违约后的管理绩效

Ⅲ. 违约后风险管理

Ⅳ. 如何成功管理信托风险：十大最佳实践做法

7.1　定义关键风险领域和总风险环境

受托人现今面临的整体风险环境充满了危险。其特点包括四个总体因素。第一，现今无情的商业环境。我称之为"2008 年经济危机的因素"。这不仅仅是监管和市场强烈反对欺骗、贪婪和公然漠视法律。而且是一个持续的商业环境，该商业环境增加了来自各方面的压力——不犯错的压力。首先，现实中企业面临着异常无情的商业环境，在这个商业环境中，很少有第二次机会，而失败的惩罚会迅速出现。这一业务将只留给竞争者。在"你最近为我做了哪些事"的环境下，旧式的忠诚就可以生存的法则已成为过去式。

第二，诉讼更多。无情的市场催生了一批新的投资者，他们会毫不犹豫地起诉受托人和其他人，以便进行追偿。

第三，市场增长的速度给受托人带来了巨大的风险。一般而言，技术在加速证券市场和商业惯例规范的各个方面，发挥了重要作用。受托人审查文件的时间更少，修改后的文件只需按一下键盘即可发送。缺乏时间思考、分析和寻求建议，这给受托人带来了更多风险，他们必须在债券发行的创建和生命周期中，仔细考虑许多因素。简而言之，速度可能导致风险。

第四，人员和系统的资源压力日益增加，这对信托业务的影响很大。受托人必须在更短的时间内，用更少的资源做更多的事。这意味着风险。所有人都竭尽全力。在这样的商业环境中，很容易出错。再加上证券市场和受托人必须处理的结构日益复杂，受托人将面临巨大的挑战，即如何有效管理其面临的财务、法律和声誉风险。

考虑到这种整体商业环境，近期似乎不会改变，受托人要做哪些事？本章将提供一些答案。

我将探讨的主要风险领域可分为以下五类：

- 监管要求
- 结算前、结算后和违约后的管理绩效
- 营运职能
- 法律诉讼
- 营业风险

定义受托人这些类别风险中的每一种风险，以及在 7.2 节提出成功管理这些风险的建议。

监管要求

影响受托人的各种监管机构要求在一定领域合规。SEC 是主要的证券市场监管机构，其关注信息披露、遵循《多德－弗兰克法案》下的新的法律体系，以及按照 1975 年《证券法修正案》，作为转让代理人处理证券和支付的所有营运费用。营运章节（第 11 章）将包括这些营运职能。SEC 还关注所有 TIA 要求。美国货币监理署（OCC）是所有国家银行的监管机构，其按照 9 号法规，关注所有合规程序、行政和营运程序/政策、投资以及整体风险管理，包括了解客户（KYC）的程序。美联储和州监管机构关注受托人遵守联邦法律和州法律的情况。美国国税局（IRS）关注套利法律、市政免税要求和报税要求的遵守情况。最后，受托银行自己的内部审计员除了遵守内部控制规则（例如，遵守 KYC、管理和营运程序以及适当的文件），还要设法解决所有上述监管问题。

总的来说，受托人必须向所有监管机构证明风险控制意识，包括：

- 了解并遵守相关规章制度
- 证明合规性的适当文件，例如，书面制度和流程，以及管理文件和合规性项目的适当文件
- 完整文件
- 平衡和调节的现金和证券头寸

7.2　结算前、结算后和违约后的管理绩效

对管理效绩进行适当评估的关键，基于管理的三个阶段是否作出适当行为。我认为，令人惊讶的是，受托人面临的最大风险依次在结算前、结算后和违约后出现。初看起来，情况似乎正好相反，最大风险在违约后出现，而非在主动管理过程中。受托人未承担其正式职责时，结算前的风险似乎会降低。我认为，现今的受托人必须认识到真正的风险，我建议按重要性依次为——结算前、结算后，最后是违约后。

为什么？因为受托人真正的风险管理始于建账、了解客户（KYC）和结算前阶段，充分了解并协商受托人在债券发行期间必须承担的适当责任。这一切均始于管理结算前风险，为接下来的一切工作奠定了基础。我会说，好的交易通常很好，而不好的交易总是不好。因此，需小心自己接受的交易。

利益冲突

破产受托人面临的风险是，需要及时确定是否存在任何利益冲突。由于受托人现在属于违约事件类别，所以，其必须确定是否存在任何利益冲突，妨碍其作为公平、公正、无偏见的债券持有人代表。《信托契约法》第 310（b）（1 – 10）节列出了需要避免的冲突。如果列出的冲突未得到解决，则受托人必须辞职，还必须在确定存在利益冲突后 90天内，指定继任受托人。最常见的冲突是贷款，这将要求受托人辞职，而无需考虑债券是否符合 TIA。如果未能及时确定是否存在利益冲突，

也未能及时辞职（如需），则受托人将面临债券持有人提起诉讼的风险。

结论

破产受托人的职责要求提高，转向审慎人谨慎标准。现在，受托人必须谨慎行事，行使新的自由裁量权，通过努力，最大限度地收回债券持有人的资金。受托人的关键做法在于聘请有能力、经验丰富的破产顾问来缓解受托人可能在漫长过程中面临的风险。但是，破产受托人和债券持有人的职责正是证券市场需要受托人的原因。凭借适当的勤奋和专业精神，以及在可靠顾问的帮助下，受托人的确能够应付自如。

章节摘要

- 美国《破产法》的依据是，给予债务人第二次机会。
- 《破产法》通过围绕债务人建立一道保护墙，在一段时间内保护债务人免受债权人索赔的影响，同时，各方都致力于寻找解决方案。
- 涉及受托人的最常见破产章节，如下所示：
  ○ 第 7 章：清算
  ○ 第 9 章：市政重组（仅限自愿）
  ○ 第 11 章：公司重组（包括自愿和非自愿）
  ○ 第 13 章：个人破产
  ○ 第 15 章：跨境破产
- 破产时，受托人履行其义务的最佳方式包括：
  ○ 聘请破产顾问。
  ○ 谨慎行事。
  ○ 积极行事。
  ○ 经常通知债券持有人。

○ 创建一个具备该领域专业知识的专门违约团队或个人。
- 受托人不履行其破产职责的风险包括：
    ○ 将在违约后诉讼中，通过违约前受托人所犯的错误来指控受托人
    ○ 缺少及时、积极主动的行动
    ○ 缺乏经验的工作人员处理破产
    ○ 咄咄逼人的债券持有人可能向受托人提出索赔，从而挽回损失。

 ## 案例研究

异常违约刚刚出现。安德鲁飓风摧毁了佛罗里达州南部的部分地区。其中一个受灾最严重的地方是以海豚表演为特色的海洋世界展览馆。展览馆严重受损。实际上，海豚所在的水箱已受损，正在漏水。该公司立即提出第 11 章破产保护。你是债券的受托人，而这些债券由作为重要抵押品的设施和海豚来提供担保。如果没有海豚，设施的价值就会大大降低。

你应该怎么做？

回复

现在，你遵循审慎人谨慎标准。你赶到设施那里，旨在保证设施安全，好好照顾海豚。如果你不知道如何照顾海豚，则必须立即聘请护理人员和动物训练员来保持海豚的活力和快乐。事实证明，海豚需要持续互动，因此，即使没有表演，海豚也要像有表演那样训练。

你在完成这一切之前，会学到很多关于海豚的知识。最终目标包括出售设施和海豚；随着时间的推移，你会这么做。这一案例表明，在破产违约事件中，受托人处于独特情况。没有两种情况完全相同。

结算后风险管理

债券发行结束后，受托人开始发挥积极作用。如果适当地完成了结算前风险管理规程，这个角色将变得更加容易。有鉴于此，我将为受托人审查一些结算后风险领域。这些领域具有代表性，但并非包含全部，因为每一次证券发行受托人都可能负有独特的责任。这本身就是另一个风险领域。

备忘录：建立备忘录是受托人最重要的结算后任务。所有管理活动都应该有备忘录来记录所有受托人的责任，如契约合规性、付款、偿债资金/赎回责任等。应在结算后 30 至 60 天内迅速设立备忘录，以确保债券发行得到适当管理。备忘录应完整，引用它们在契约中的来源出处，并介绍要执行的职责。设置一定的规则，比如当有疑问时，做好备忘录记录。适当的受托人风险管理始于建立正确的备忘录，然后相应执行。主要风险往往发生在未能适当建立或遵循备忘录的时候。最佳实践操作是对已最初建立的备忘录进行适当的第二次审查。我称之为"二次审查"，我还建议由单独的第三方进行审查，而非由同级管理人员进行审查。我认为，由于时间压力和同行压力，同行审查并不有效。一些受托人遵循这一原则，进行年度账户审查，我建议只对第一年或观察名单账户进行审查。

契约遵守：受托人必须履行其责任，监督契约是特别要求受托人遵守的承诺。另一个问题在于，在其他文件中可能有受托人必须制作并保存备忘录的其他承诺或监督义务。例如，保险监督，它可以在贷款协议中规定，其中提到受托人必须收到证据。这是受托人没有签字但需要对文件中的某些义务负责的文件示例。抓住这些隐藏责任的一个方法在于询问债券顾问条款是否存在。备忘录的风险在于受托人未能跟进和审查需要的内容。这肯定会损害违约后受托人的角色，表明未能履行规定的责任。另一个风险在于受托人未能适当审查收到的物项，如意见、无违约证明书和报告。

所有文件要求受托人审查收到的任何物项，以确定其是否符合管理文件的要求。这意味着受托人必须做充分的审查来作出决定。这需要时间并且需要进行适当比较，这可能意味着在文档中寻找依据，以确保收到的物项符合该文本。

如果受托人并未花时间或精力正确审查这些物项，这可能导致受托人承担责任。例如，我见到过我的管理同事未能正确审查高级职员的无违约证明。我的同事收到了证明书，看了一眼，然后把它放进了文件里。乍看之下，该证明书似乎与以前的证明书具有相同的词、相等的长度和适当的签名。实际上，证明书的中间写有"发生过违约"，而实际应写有"没有发生违约"。我的同事漏掉了那些词。这个问题的确在于违约。债券持有人提起诉讼，我们输了，因为我们写了违约通知，却什么也没做。不用说，这对银行和我朋友的职业生涯都是一个糟糕的结果。

第二个例子是一个被称为 SemiTech 的法律案件。[①] 在这个案件中，法院裁定受托人未收到适当的高级职员的证明书，因为其漏掉了几个关键的句子。

我再怎么强调以下建议也不为过：对所需证明书、意见和申请的每一个字进行审查，并与契约的确切措辞相匹配——存在任何不一致之处受托人都应拒绝该文件并要求更正。任何不充分都会给受托人带来真实的风险。

偿债资金和赎回：如果关键责任未能得到适当的履行，受托人的这一关键责任包含重大风险。受托人必须制作备忘录并签署。如果未能及时准确地赎回债券，将导致对受托人提出金钱索赔并对整个债券发行造成损害。

现金流和偿债付款：受托人在处理资金流动和向债券持有人付款方面的适当管理职能是一项关键责任。这是每个受托人清单上的首要义

---

① SemiTech Litigation LLC 诉 Banker's Trust Company 案 234F. 补充第 2 个 297（2002）。

务，不能出现延误或错误操作。资金索赔、透支和债券发行损失是受托人面临的主要风险。需要适当关注付款期限并了解现金流。如果"分层支付"（即现金流）管理不当，尤其在结构化融资债券发行方面会导致受托人遭受重大风险的影响。

投资：受托人有责任根据文件中的投资条款，按照指示进行投资。虽然受托人不承担选择投资的风险，因为这是发行人的责任，但受托人必须勤勉尽责地接受正确而及时的指示，并且必须始终检查以确保投资在契约允许范围。如果没有这样做，则受托人将会在出现不当投资时承担潜在责任。受托人也可能违反1940年《投资公司法》的要求，因为未能按要求披露收取的费用，也未向发行人提供招股说明书副本。另一个风险在于受托人将发行人"推入"其自有货币市场资金。受托人可以就发行人的投资选择进行磋商，而非提供"建议"。受托人还应与发行人沟通，以确保资金及时投资，避免资金未能投资，从而导致发行人投资收入出现损失。

对于受托人而言，明智的做法是，通过积极与发行人沟通来避免这种风险，或者一项指示能在大多数情况下都是可以遵照的，这样资金就不会出现未能投资的情况。

保险：通常，由于承诺要求，受托人可能需要接收保险凭证。受托人面临的第一个真正风险在于，他们并未收到所需的东西。第二，他们并未意识到强制保险范围并未准确地反映在保险凭证中。如果保险范围看似不充分，则风险可能就是未适当覆盖所造成的损失。受托人可能会因为没有收到与管理文件描述相匹配的适当保险凭证而受到严厉批评或可能被认为出现疏忽。由于没有"发现差异"，不满的债券持有人可能会指控受托人未能履行其职责。受托人无需获得适当的保险，这是发行人应负的职责。这些风险是因为受托人并非保险专家。然而，受托人必须意识到，风险可能存在于，在对于受托人收到适当的保险凭证的保险条款的不正确表述之上。操作时请记住，信托文件必须明确声明受托人将会收到保险证据。如果没有专门声明，则受托人不负责接收任何保险证据。

真实例子

这让我想起了一个现实生活中的例子，我经常用这个例子清楚说明适当保险凭证的重要性。这也提醒受托人必须记住将证据与契约要求相匹配，因此受托人可能无须承担任何责任。

我旁边坐着一位负责芝加哥麦考密克展览中心债券发行的管理人。一个周日的晚上，他正在看电视，突然一条新闻显示麦考密克展览中心设施发生了大火。

他立刻脸色煞白。他的文件里有契约要求的保险凭证吗？他度过了一个不眠之夜，早上第一件事就是银行开门，他冲进前门，不等电梯爬了十一层楼梯，疯狂地寻找他的办公桌文件。

令他大为欣慰的是，保险凭证在那里完好无损。他得救了。这个故事的寓意是：千万别让这种事情发生在你身上。如果信托文件要求，确保你有适当的保险凭证（不多不少）。

保险是我最担心的风险之一，因为我们受托人肯定不是保险专家。发行人有责任为财产投保，而非受托人。我强烈建议不要接收任何保险凭证，因为对于没有受过保险类型教育的受托人而言，这是一个潜在的地雷，尤其是针对含糊不清的契约语言。

我的座右铭是："如有疑问，在契约外进行协商。"让发行人承担责任，而非受托人。

《统一商法典》

《统一商法典》续期声明登记可能是也可能不是受托人的义务，这由管理文件决定。在任何一种情况下，如果UCC续期声明未正确登记，受托人都可能面临真正的风险。由此产生的风险是，以受托人为受益人的财产/抵押品的第一留置权将失效。其他人可以作为优先留置权持有人在受托人面前进行调解；如果受托人必须代表债券持有人扣押抵押品，这将违约而产生严重后果。

2001 年 7 月颁布的新的《统一商法典》登记要求使得《统一商法典》的适当登记更具挑战性，以便与公司的注册地相匹配。

受托人的另一个风险是发行人未能进行文件登记。受托人代表发行人进行登记很合适。这是受托人进行的适当风险管理，因为不这么做对债券持有人而言具有一个严重的风险，他们将失去对抵押品的第一留置权。

这里需要对《统一商法典》第 9 条的要求做一些基本的解释。2001 年通过了经修订的《统一商法典》第 9 条 （RA9）。在如何处理《统一商法典》内容、地点和时间方面进行了根本性更改。

● 《统一商法典》/融资声明书：融资声明书通常由债券顾问登记，它确立财产的初始留置权，以受托人为被担保方。

● 《统一商法典》3 续期声明：根据 RA9，所有的州登记每 5 年进行一次。

● 登记地：RA9 戏剧性地将其改为"发行人合法注册的州"，而非财产所在地的州。我称之为《特拉华州充分就业法案》，因为大多数发行人都在特拉华州注册。第二个重大更改是取消了在财产所在地的郡将《统一商法典》3 登记的要求。一个例外是，如果某些州根据其州法律将财产登记归类为"不动产"。那么《统一商法典》3 可能也要在郡登记处登记。马萨诸塞州就是一个例子。

● 公共融资：根据 RA9，如果发行是"公共融资"，它可以有 30 年的登记期。我在此担心的是，债券顾问应该给出强有力的保证，根据该法典，该发行符合 30 年登记的条件。

风险在于该发行不符合 30 年登记的条件，留置权在 5 年后失效，使受托人面临风险。

● 财产介绍：该财产介绍通过引用纳入其中。

● 统一形式：现在只有一种形式，而非 50 种不同的形式。它也以电子方式登记。

结算前风险管理

受托人的基本和关键风险管理惯例包括严格的过程，如下所示：

了解客户（KYC）：受托人对所有客户的身份进行尽职调查，以遵守银行规定和监管要求，这一点至关重要。必须有适当的文件。待核实的信息包括客户的姓名和地址。应在识别数据库（如 LexisNexis ®）上进行搜索，以确定客户状况是否有任何异常之处。必须对客户开展的业务类型填写表格。其他必要的文件包括 W-9、财务和公司章程。这一严格的规程也适用于托管关系的个人。根据海外资产控制办公室（OFAC）的名单对所有客户进行检查。根据 2001 年 10 月通过的《爱国者法案》，必须实行这一新客户准入过程。对受托人，没有任何借口或第二次机会的不遵守 KYC 的要求。与遭到禁止的组织或个人做生意会遭受罚款、监禁和巨大的名誉损害。这是当今受托人最重要的风险管理事项，而且必须在与客户第一次接触时立即进行。这也是一项持续的职责。

账户接受：受托人的第二个关键步骤涉及分析债券发行或交易的性质以及受托人要履行的责任和义务。正确的风险管理惯例要求受托人及时分析签约要做什么以及服务对象，然后将所有这些与确定的账户接受标准相匹配。建议使用一份好的清单来定义新业务的允许参量，以符合银行商业惯例。此外，对于受托人，有一个正式的批准流程很重要，通过流程，验收委员会可以审查并最终批准接受业务。

每一项新业务都必须经过这一正式的验收流程。为了遵守监管要求，董事会必须最终批准所有新的信托业务。

文件审查：结算前风险管理是对影响受托人的所有相关信托文件进行适当的文件审查。务必对契约进行全面审查，并应在起草阶段尽早完成，以使受托人有更好的机会就任何变更提前进行协商。推荐给受托人的最佳操作是使用法律专业人员，无论是外部顾问还是内部顾问。由于受托人将在债券有效期内遵守契约和其他管理信托文件，因此受托人必须全面有效地审查这些文件。在某些情况下，有经验的管理人员可以在无顾问帮助的情况下有效地审查文件，但是让顾问审查文件只会使受托人更为方便。受托人要问自己的关键问题是，"我能否从法律、流程和系统功能等方面履行所有职责？"如果答案是"否"，受托人必须雇用第三方，免除责任（来自文件的），或者干脆不接受业务。另一个问题是：受托人是否应该聘请顾问审查信托文件？答案取决于受托人的经验和能力以及交易类型。

结算责任：受托人必须确定所有资金流动详情、证券发行指令、投资指令以及结算时的任何利润分配指令的正确性。受托人的适当风险管理控制要求应对所有这些方面进行及时、提早的识别，如适当的准备工作，包括要建立的账户、给 DTC 和经纪人的指示，以及为任何现金分派准备支票或电汇。

受托人在这些方面必须精确；这可能需要持续的关注和勤勉尽责，尽早从债券顾问和经纪人那里获取这些信息，以避免差错。受托人坚持不懈地尽快收集结算前信息，可以避免许多尴尬和潜在的索赔，以便在结算时顺利履行其重要义务。

结算风险管理问题：托管和支付代理交易通常无需顾问审查。但是，作为一种最佳实践做法，建议雇用外部顾问来审查信托文件。结算要求受托人不仅要签署上述的列示事项，还要自我承诺文件被正确签署，适当的法律意见已经出具，并向受托人确立了抵押品的法定所有权。最佳做法是接收受托人签署的所有原始文件的签字副本。重要的是重申，受托人无义务回顾所给出的法律意见，亦无义务对其法律结论负责。受托人也不对证券交易的安全性、稳健性或结构的经济可行性负责。这些完全分别由发行人、债券顾问和承销商负责。

信用证提款

在存在信用证（LC）的债券发行中，受托人面临几个重大风险。明确地说，有两种类型的 LC：

● 直接支付：这是一种定期提款的 LC，主要支付到期本金和利息。对于这些 LC，银行随后将获得提款金额的偿付。因为企业现金流动困难，有可能无法及时收到支付本金和利息的必要资金，用这种类型的 LC 就可以确保及时支付本金和利息。一个很好的例子是住房债券发行，在这种情况下，抵押贷款持有人或租赁人的收款可能会推迟。

● 备用：该 LC 不可定期提款，但如有违约，它可以用来支付债券。换而言之，LC 只是"备用"，只在违约时需要。现实是它可能永远不会进行使用。

关于 LC，还有几点需要补充：

● 根据《破产法》，LC 的任何提款均无优惠。这意味着在破产程序中不能扣押付款。因此，任何 LC 付款都受到保护，不会退回破产财产。这是对债券持有人付款的良好保护。

● 如果 LC 银行的评级遭到下调，LC 也会遭到评级下调。这可能导致需要用担保银行具有适当评级的 LC 来替换这一 LC。

● LC 到期。在债券到期前，LC 到期是很常见的情况。因此，它们必须定期更新。例外的是"常有效 LC"这些 LC 自动延续；这类似于常青树，它总是绿色。查理布朗圣诞树是个例外，但这超出了我的经验范围。

对于要求受托人定期提款以支付偿债的备用 LC，受托人面临提出不当提款请求的风险。受托人未能根据 LC 文件准确执行提款请求可能导致 LC 银行不能兑现提款。这种未能提款的情况意味着没有资金来支付债券持有人。我必须要强调受托人并未意识到他们在执行这些提款请求时必须有多严谨准确。

由于管理银行的国际信用证规则的严格性，受托人应完全理解提款需要什么，并意识到必须在规定的时间框架内完成。如不这样做，同样会导致 LC 银行拒绝申请。

如果拒绝申请，这对受托人而言是非常糟糕的一天。我称之为"前管理人员时间"。换言之，做不好会让你丢掉工作。这发生在我的一名管理人员身上。在向 LC 银行提交 LC 提款请求时，他迟到了一个小时，银行拒绝了提款。我们不得不从银行资金中偿还债务。几周后，当 LC 银行同意接受我们的提款请求时，我们确实收回了资金，但这是一个令人恐慌的情景。请勿让它发生在你身上！

受托人的另一个风险是 LC 可能到期。虽然延续 LC 显然并非由受托人负责，但受托人应提醒到期日，并努力与发行人沟通，以确保 LC 及时延续。未能延续 LC 或用评级适当的 LC 银行替换 LC 将对债券持有人构成严重风险。导致他们的信用增级减少。这也可能触发所有债券的强制赎回，因此受托人必须注意确保发行人采取适当的措施来延续或更换 LC。

我强烈建议管理人员进行一次实践操作，进行信用证提款，以确保其有正确的提款方法、地址和时间。你不希望到应付日当天去猜测提款过程，却发现你没有用虚线来标注所有"发行人"并将所有"受托人"划掉。其结果会导致提款遭拒。

二级市场披露

SEC 通过了 1995 年 7 月生效的《证券交易法》第 15c2 – 12 条规则。这一规则为市政债券发行人确立了新的披露要求。该规则的目的是向市场提供更多关于市政债券发行的信息。SEC 对市政债券发行人并无直接管辖权。为了实现要求市政债券发行人披露更多信息的目标，该规则禁止交易经纪人出售某些发行人未披露的市政债券。其结果是有效地要求市政债券发行人在两个关键领域进行披露：

- 提供年度财务报告（不要求符合 GAAP）。
- 提供规则中列出的重大事件和其他事件的信息，但不限于该列表。

SEC 规则第 15c2 – 12 条对受托人的影响是，受托人有可能根据单独的信息披露协议被任命为信息披露代理人。受托人作为信息披露代理人的义务是促进发行人更容易遵守第 15c2 – 12 条规定的披露要求。这种实现方式是，通过作为发行人的代理人，接收年度财务报告和重大事件信息，并通过向市政债券规则制定委员会（MSRB）报告这些文件，且将之以电子方式登记到市电子市场准入系统（EMMA Ⓡ）中，来将这些文件传递给市场。

受托人的风险是发行人未能及时传递披露信息。受托人可能会因不必要的延迟或未能将发行人的披露信息正确传达给 EMMA Ⓡ而承担责任。因此，收到的任何信息都应及时传递。

受托人作为信息披露代理人面临一个额外的风险。发行人未能提供所要求的年度财务披露信息是一件令人颇为不快的事，受托人将需要与交易所沟通。如果未提供年度财务报告，信息披露代理人必须向 EMMA Ⓡ提交"未登记"通知。因此，受托人必须意识到其作为信息披露代理人角色的重要性，并有适当的程序来履行这一新角色。否则，受托人可能会受到债券持有人的责任索赔或 SEC 的强制行动。我要强调，受托人应在信息披露协议中包含特定的语言，声明受托人无义务审查或批准所提供的任何披露信息。

根据该规则，发行人负责披露，而非受托人负责。我提出这一点是因为我个人参与了第 15c2 - 12 条的起草。我主张规则中的几个关键概念，包括以下内容：

- 受托人不对披露信息的内容或发行人登记信息的及时性负责。
- 信息披露协议并非契约的一部分，而是单独协议。信息披露代理人的角色并非受托人角色，而是代理人角色，这限制了受托人的责任。
- 发行人未能根据该规则披露信息不属于违约事件，因为它不在契约的规定范围内。
- 最后，发行人对于依照规则和契约进行的披露以及任何披露的内容负责，而非受托人负责。

我非常努力地将这些原则运用到规则的实施中。我甚至起草了最初的十件重大事件，现在扩展到十五件，其中一些披露事件不再需要符合实质性标准——只要它们已经发生。

现金流运动

受托人对正确接收资金、将资金分配到正确的账户、按照指示投资资金以及最终支付资金负有重大责任。及时性和准确性是必需的。将资金不当分配到规定的账户会造成重大亏损。一个例子是本金和利息分配。住房债券或结构性融资债券上收到的分离的本金和利息资金，如不当分配，将极大地改变现金流分配层级和对债券持有人的最终偿债付款。简而言之，请勿将它们混为一谈，否则你会缺少本金付款并且超过利息付款，反之亦然。

了解经常被提及的现金流或瀑布现金流，对于这一重要受托人职能的适当风险管理至关重要。强调及时遵守资金接收时间并相应及时付款的重要性，对于债券发行的适当管理至关重要。必须避免因透支耗费银行资金，给发行人和第三方都留下服务差的印象。

我建议每次发行的所有现金流都用图表表示，以确保完全正确理解。如果有任何不清楚的地方，管理人员应该询问债券顾问以解决任何未决问题。

真实例子

有一次，一位管理人员要求我审查一项拟发行体育场债券的现金流。我整晚都在绘制资金流动图，但早上我不得不承认失败了。资金流动行不通，而且有很多缺口。我告诉管理人员推迟以梳理清楚。她回答称她已经尝试过了，有人告知她只能接受现状。一如既往，这是该部门的一次重要债券发行，因此承受一定的政治压力去接受该交易。

幸运的是，这个债券没有发行出去。受托人无法处理现金流的风险是：

- 资金流动的及时性；
- 分配给各信托账户的金额的准确性；
- 透支，不当地为错误的账户提供资金，或是投资或支付不存在的资金。

我强烈建议查清资金流动和现金流的清晰性。仔细检查你的工作。用图解析你的现金流。密切关注整个过程，因为这是受托人履行的最重要的职能之一。

抵押品管理和替换

根据我的经验，受托人面临的一个危险领域是抵押品管理（或托管），这也是我非常关心的一个领域。当受托人需要以实物或账面记录的形式持有一定数量的抵押品时，正确处理至关重要。受托人不得丢失抵押品或不恰当地记录和说明它，因为这是债券持有人的担保。

除了让合适的员工来管理并保持抵押品的安全，还需要适当的保管设施、保险库设施和系统。抵押文件的完整和准确是有难度的，需要以下多步过程：

- 审查抵押品。
- 验证抵押品的完整性，如果不完整，可能需要拒绝抵押品，或者确定要提供的缺失文件并跟进接收。
- 在系统上正确记录抵押品。
- 将抵押品提交到适当安全的存储设施或保险库中。
- 需要时能够取回抵押品。

将这些责任乘以可能达到数百万个文件的数量，很明显，这是受托人面临的一个风险领域，因为表面上看起来只是一个简单的持有抵押品的任务。这绝不简单。

受托人在这一领域面临的另一个严重风险是抵押品替换。许多由抵押品支持的债券发行在某些情况下提供抵押品的替换或替代。如果抵押品替换要求正确定义和遵循，这一切都会很顺利。风险在于事情并非如此。在许多情况下，由于替换方未能正确遵循文件指导原则，抵押品替换最终损害了债券持有人的利益。结果是用质量较低的抵押品取代好的抵押品，从而削弱了债券持有人的担保。

受托人处于这场争论的中间，是抵押品的把关者。受托人的工作是确保收到所有需要的文件，并且发行人在发放或替换抵押品之前满足所有要求。任何的缺失都不可接受。

因此，受托人的一个主要风险是无法充分监督任何抵押品替换，并确保它们得以完整记录并满足所有要求。例如，我经历过 1991 年大陆航空的破产情况，当时飞机最初是抵押品信托和设备信托债券的抵押品。遗憾的是，大陆航空用较新的 DC-9 替换了较旧的 727 飞机，后者后来证明价值较低。文件语言的含糊不清且内容不明确导致抵押品受托人并未发现问题停止替换，而不完整的替换文件导致情况更加复杂。很明显，在大陆航空登记破产后，这成为债券持有人随后提起的诉讼中的一个争论点。

简而言之，尽责的受托人必须非常密切地关注任何抵押品替换。受托人必须严格遵守信托文件的要求。标准是新抵押品的价值必须等于或大于它所替代的抵押品的价值；否则，不应进行替换。抵押品一旦没有了，债券就没有价值了。

《统一商法典》终止和更改

如果受托人或发行人的名称发生更改，切记进行《统一商法典》登记修改；这将确保留置权登记给适当的所有者——受托人。当债券全额支付时，还要提交一份《统一商法典》终止声明。如果财产出售，且受托人仍列为优先留置权持有人，则受托人不会处于有利地位。这种情况在我身上发生过一次，它证明了阻碍财产销售的尴尬之处和潜在的危害。如果出现问题，如出现环境风险，我也不希望成为财产记录的所有权人。

建设资金提款

受托人经常处于管理建设资金支付的状态。无论是建设资金还是任何其他付款，这一过程都会给受托人带来真正的风险。核心概念是预留资金用于建造设施或采购设备。如果资金并未用于此目的，那么债券持有人将面临风险，因为债券发行将无法实现为债券持有人创造所需担保（建筑或设备）的保证。换而言之，如果资金并未按预期用于建造设施，债券持有人就无法还款。

然后，受托人处于一个重要的位置，承担监督建设资金付款的责任。受托人需要接收申请和其他支持文件，如建筑师意见或发票，作为资金付款申请的一部分。第一，有一个时间问题。受托人不得不迅速支付资金，通常是在一两天内，因为供应商和承包商需要获得款项。第二，投资建设资金的资金必须通过出售其投资的证券或通过更具流动性的投资（如货币市场资金）来获得。由于设施建造的时间安排延迟，建设资金提款经常延迟，从而带来资金何时需要的不确定性。第三，如果契约允许受托人直接向供应商和承包商付款，受托人可能需要多次付款。这样很耗时，而且容易出错，因为受托人可能会向各种各样的当事方分别进行10～50次付款。第四，也是最重要的一点，受托人必须接收所有必需的文件，并由授权代表正确签署，以便进行付款。如果支付不当，受托人未能获得所需文件将使受托人承担责任。

真正的问题是存在欺诈的可能性。建筑业有着虚假发票、欺诈或虚假收费的不光彩历史，而不诚实的人将建筑业发债视为诈骗的机会，试图利用这一情况获利。请记住，受托人是建设资金付款的把关者。很明显，受托人无须在申请文件后进行尽职调查，也不需要确定收费是否合理或适当。受托人必须依赖申请文件，如果出现不当行为，受托人不应承担进一步的责任。但是，受托人必须确保授权方在资金发放前收到并正确签署适当的文件。如果出现欺诈行为，并且发现资金使用不当，只要受托人准确遵守了所有申请文件的文件要求，则受托人应受到保护。遗憾的是，这一切都取决于法官或陪审团的决定。

他们将查看受托人是否有不当行为的记录或是否对此知情。令受托人非常烦扰的问题是，受托人必须在何种程度上审查支持性文件。显然，申请书必须写明其具体内容，而且必须由权利当事人签字。实质问题是什么时候需要附上发票。受托人需要做些什么？受托人应在何种程度上审查发票？受托人在审查发票时的行为会导致产生哪些责任？

在这种情况下，对受托人而言很难得到一个轻松的答案。依赖于内容表述是第一道防线，当然受托人不具备相关的专业知识、时间和能力去分析每一张发票。然而可能存在这样的风险，即发票可能会出现明显的错误，从而将其列入申请书中可能会引发问题。正如在本章开头的故事中所提及，申请书中出现的 Mary's Bridal Shop 发票可能会引发问题，凸显出受托人在建设基金付款中的潜在风险。

时至今日，我很感激我采取了这一行动，因为其不仅挽救了银行的尴尬局面，还避免了支付这笔款项的潜在责任。但整个问题又向受托人提出了一些值得关注的疑问。当你掌握的其他文件或信息令申请内容的正确性存疑，你真的能完全依赖当事人的陈述吗？这不是一项能轻易解决的问题。

环境风险

对于受托人而言，最可怕的就是牵涉到清理受环境污染的财产的费用之中。如果受托人成为受污染财产的"自营业主"，受环境法管束，则将会产生潜在风险。主要的环境法是 1980 年 12 月颁布的《综合环境应对、赔偿和责任法》（CERCLA），通常被称为"超级基金法案"。顾名思义，该法案根据联邦法律制定了禁止污染环境的禁令。该法案还规定了污染责任人的相关责任。设立了一项信托基金以资助清理行动。《超级基金修正案与再授权法案》（SARA）于 1986 年对该法进行了修正。环境保护局（EPA）负责实施环境法。

简而言之，受托人面临的危险在于以财产担保的债券项目出现违约。如果受托人按照契约的要求取消财产赎回权，则受托人将成为该财产的"自雇经营者"，并成为任何环境问题的负责人。

受托人的实质风险并非来自法律，而是来自于执法的法院。这种风险的产生通常是由于缺乏清理糟糕环境的资金来源。超级基金信托基金作为清理款项的来源之一，其提供的资金不足。而造成问题的当事人通常也早已消失、处于破产状态或者缺乏资金来源以进行清理。从而使得受托人成为冤大头，也是唯一的资金来源。

对受托人规避环境风险的建议如下：

● 确定具有担保权益的账户，并在发生违约时提高对环境风险的警惕性

● 在契约中制定保护性语言，例如：

○ 受托人应定期收到与任何环境问题相关的财产状况的报告。

○ 如果在债券持有人不赔偿的情况下出现环境问题，受托人不需要取消财产赎回权。

○ 在接受债券发行前，应向受托人提供有关财产现状的各种环境报告。

○ 第Ⅰ阶段报告：由环境专家提交的报告，披露财产相关环境条件的详细信息。

○ 第Ⅱ阶段报告：附有核心土壤钻探分析的详细报告。

○ 第Ⅲ阶段报告：针对受污染地点的清理计划。

对受托人而言，好消息是 1996 年国会通过了《资产维持、贷款人责任和存款保险保护法》，为受托人在两个重要领域极大地缓解了压力：

● 如果受托人在其正常业务过程中成为财产的"自营业主"，则受托人无须对环境问题承担责任（例如，债券持有人在违约时取消财产赎回权）。

● 任何责任仅限于信托资产。

尽管有所帮助，但正如我前述内容，一些法院的判决中对于雄厚财力的追索削弱了对案件中当事人的此类保护措施。因此，关于环境风险，我常对受托人开玩笑说："如果其持续存在，则勿取消赎回权。"这或许是个好建议。

《统一商法典》4A

《统一商法典》第 4A 条规定，各组织必须制定有关收发电汇的程

序，否则将遭受潜在损失。简而言之，受托人收发电汇付款属于正常的业务过程。为避免因受托人不当地将电汇付款发送给错误的对象，或者更糟糕的是，遭受到欺诈。受托人必须意识到有必要制定书面程序，以正确认识与电汇相关的说明。对许多受托人而言，交易室均设有此类程序。受托人需要认识到，这些程序取决于受托人是否对收发信息进行了适当审核。否则银行将承担法律责任。如今，由于受托人经手大量电汇，愈发成为提供虚假电汇文件的黑客的目标。为防范这种日益增长的风险，受托人正在着手详细的转账协议，以防范这种新的威胁。

如今，因为受托人具有转移的巨额资金的权限，因而吸引了提供虚假电汇文件的黑客，成为其攻击目标。为防范这种日益增加的风险，受托人在信托文件中制定了特殊的语言，并规定在转移资金前，要求授权方提供回复和其他验证信息。一些银行甚至正在制定单独的电汇协议以实现这种尽职审查的强化，从而应对电汇欺诈的威胁。

黑客之所以将目标锁定在受托人身上，是因为在债券发行的业务过程中，受托人转移了大量资金。例如建设基金付款或托管付款。

7.3 违约后风险管理

违约后的状况下，受托人需要加强意识。我将讨论在这种情况下受托人面临的主要风险领域。

违约事件

违约事件发生时，受托人随即面临审慎人注意规则。因此，受托人现在必须代表债券持有人行使相当的酌情决定权，以保护其利益。随着代理权的扩大及责任范围的拓宽，受托人的风险随之变得更大。监管将根据违约事件的发展情况，对受托人的行为或不作为进行严格审查。在这种情况下，受托人必须依靠顾问的建议加之良好的商业意识，作出良好判断，为债券持有人争取到圆满的结果。在破产程序（最常见的违约事件）中，鉴于当前情形，集中注意力、经验丰富的专家给予协助，以及过往经验将极大地帮助受托人谨慎行事。

辞职和利益冲突

违约后的状况下，受托人可能会因为利益冲突别无选择而辞职。受托人面临的风险不在于实际的辞职过程，因为这一过程相当简单，也不在于找到合格的继任者，因为有许多候选人可接替。真正的风险在于迅速、果断地确定冲突的存在，并及时办理辞职程序。继续处于冲突之中可能会导致受托人承担一定责任，受托人将成为愤怒不满的债券持有人的众矢之的，因为其作为代理人，在冲突之下未采取足够的行动。

对受托人而言，最佳行动方案是通过研究《信托契约法》第 310 (b)（1–10）节规定，迅速集中注意力确定是否存在任何冲突。应特别关注确定受托银行与违约发行人之间是否存在任何借贷关系。请记住，《信托契约法》和契约规定，在发生违约事件（如破产、不支付本金）前，不会触发正式的利益冲突禁令。因此受托人将有 90 天时间辞职或解决冲突。"有疑问时，请离开"这句格言适用于此，除非具有非常充分的商业理由，并且得到顾问的可靠意见支持，即不存在实质性的利益冲突。

候补服务

在结构性金融债券（资产支持或抵押担保债券）发行中，对受托人的标准要求是负责履行候补服务商义务，以为持有人提供最后依靠的服务商。现在的服务商如果无法履行其职责，受托人将有责任取代该服务机构，或由其本人承担服务商的职责，或寻找其他第三方来履行服务商的职责。候补服务是受托人在结构性融资问题上最关键的风险领域，必须妥善管理。

风险来自几个方面。第一，服务责任转移的时机至关重要。受托人必须迅速、立即采取行动。必须进行服务转移，以保证资金收取和其他服务职责的连续性。任何延误均可能导致收款损失、现金流量中断以及债券持有人的潜在损失。需要提醒自己还有数千笔的个人应收资产（如信用卡或房贷），就能实现日常的监控、记账和收款工作。这就是服务商的工作，而且这项工作不能长期中断。哪怕是几天时间，也会造成一定影响。因此，受托人必须做好准备，立即介入，毫不拖延地执行或聘请第三方来接替未履约服务商中断的工作。

第二，受托人面临的风险是如何发现服务商未履行其职责，必须予以更换。服务商的不履约行为可能会随着时间的推移而变化，或通过一个主要事件（如破产申请）而随之发生。因此，有时受托人很难决定其介入的时机，使得这件事情具有了潜在的风险。

第三，受托人可能不具备合法权力来解除不履约的服务商。文件和交易结构可能并未赋予受托人解除服务商的权力；这可能会使受托人在何时以及如何承担候补服务商责任等方面的职责变得更加复杂。

第四，受托人发现其不具备人事、制度和专业知识来履行服务。因此，受托人既面临着无法完成服务职责的风险，又面临着需要寻找第三方服务组织，代表受托人介入的风险。这显然涉及受托人的研究、规划和谈判，而这可能是在一种压力很大、时间紧急的情况下。

我建议受托人编制一份第三方候补服务商的名单，他/她可在接到通知后立即召集第三方候补服务商。如有可能，受托人应尝试在信托文件中协商制定保护措施，以当前费率从交易现金流量中支付任何候补服务商的费用。甚至更好的办法就是指定一家候补服务商，并做好相应准备。

我如何强调都不为过，因为对于受托人而言，必须要有一家可行的第三方服务商能够立即接替服务机构的职责，以避免受托人因未及时采取行动取代已停止运作的服务商而承担法律责任。

政策和程序

当然，受托人必须制定书面制度和流程来管理其业务行为。此类制度和流程应清晰、简明并且有书面记载。制度应是一份简短、有针对性的行动声明。例如，"如果银行未能正常收到资金，就不会支付本金或利息。"流程应是逐步发挥某职能的过程。例如，概述资金如何收取、清算和支付本金及利息。

制度通常应由流程加以支持。我喜欢用数字化步骤清晰定义和编写的流程，以避免造成任何混乱。展示、屏幕截图和检查清单都非常有效。

制度和流程应每年进行审查并不断更新，以保持最新的制度和流程。受托人在制度和流程方面的风险如下：

- 缺乏执行关键职能的流程
- 撰写不充分的声明会造成混乱和不一致的执行
- 员工对制度和流程缺乏认识，导致执行的不一致
- 员工不遵守制度和流程
- 撰写人并未理解业务

我的建议是任命一个人来管理、审查和更新你的制度和流程。创建你的核心制度和流程，但请勿产生超出需要的内容。以免导致受托人在记录其未遵循的过程时，会出现过犹不及的情况，并且需要承担相应责任。在这种情况下，核心制度和流程应越少越好。

还应在培训中应用流程，以提高认识。让他们在线访问，以轻松获取相关信息。

最后，我想编写制度和流程的相关内容。不，我不是疯了。你可以成为一名职能专家。现今，成为专家是一种良好的选择。此外，还能培养你的写作能力和批判性思维。另外，由你来控制整个过程，而非别人。这些都是益处。

编写良好的制度和流程是控制信托风险的必要条件。如果没有制定，我不知道受托人该如何通过内部或外部的审计。但请注意，如果你不遵守这些规定，在诉讼中对方可能会利用这一点对付你。这就是为什么一些受托人称之为"指导方针"而非流程的原因。这是一种避免严

格责任的文字游戏。

每个受托人均应实施编写良好的现行制度和流程。

运营风险

有一些运营风险可分为几大类，包括：

转换：任何涉及运营系统的系统转换对受托人而言均为存在一定风险的时刻。遗失记录、数据不全、人力资源不足及成本，只是受托人在任何系统转换中面临的几个风险领域。

处理风险：支付、转账、记录保存、对账、平衡和所有一般处理功能的运营工作流程均存在一定的潜在风险。

需要有明确的处理结构、训练有素的员工、有效的程序和积极的管理。

监管和保管风险：运营机构承担保管证券、记录和抵押品的风险。需要有适当的保险库设施、维护适当的安全门禁，并建立完善的记录留存制度，以避免所保管物品的丢失或不当核算。其结果将是受托人的承担责任。

税务要求：运营机构通常负责所有税务申报的合规性责任。因此，运营机构必须符合美国国税局（IRS）的所有要求，依据美国国税局指导方针向美国国税局和债券持有人提供税务信息。如果不这样做，美国国税局将对此处以罚款，每项可能是 50 美元。债券持有人在客户服务上的问题也可能是由于未收到其税表（如 1099s）而无法正常报税或报税单有误。对于未符合这些领域规定的受托人而言，财政风险和宣传风险均较严重。此外，保持与持续修订的 IRS 税法同步更新具有一定难度。受托人面临着昂贵的记录保存职责，例如接收经认证的 TIN（纳税人识别号）和社会保障号，并将其存档。如果受托人没有 TIN 信息，则可能需对违规债券持有人的任何付款预扣税款。另一个值得关注的领域是成本基础会计要求。IRS 的这项裁决要求受托人以 1099 – B 表格向债券持有人报告成本基础。另一个值得关注的领域是《外国账户税收遵从法》（FATCA）。IRS 的这项规定针对的是拥有外国账户的美国纳税人的税收违规行为。最后，受托人可能会向拥有外国账户的美国纳税人报告付款。更多关于这些方面的内容，将在运营一章（第 11 章）中进行说明。

因此，准备、申报和提交所有需要的税务资料和表格是一项具有风险且艰巨的任务。

SEC 转让代理人要求：运营机构负责处理买方和卖方的债券转让手续。因此，SEC 制定了一系列的规则来管理运营机构作为注册转让代理人必须遵守的转让记录保存和处理。其风险在于运营不合规；可能导致 SEC 对受托人处以罚款或禁止受托人担任转让代理人。

二等公民：遗憾的是，运营机构的最后一种风险在于运营是成本中心，而非利润中心。因此，对于持续存在的降低成本的压力，运营机构通常视之为不可避免的苦难。然后，业务活动可能会因资源匮乏而发现自己准备不足，无法满足受托人业务对于新产品、新法规和更高负债不断增长的需求。制度可成为应对这些运营挑战的解决方案的一部分，但仍需要相关人员——合适的人，经验丰富的人士。对于相关人员的职业生涯而言，运营本身就是一个风险领域，因为在合并或出售业务中，通常其为遭受最大影响的领域。运营人员具有良好的背景可进入管理部门，对于支持业务"后勤部门"的许多情况已有一定了解，但转换可能会很困难且机会有限。运营是任何受托人业务的重要组成部分。受托人组织不得不制定必要的制度以及投入人力物力，以建立一个运作良好的运营支持团队。受托人业务的成功与否完全取决于良好的运营支持。如果没有运营，则客户要求的基础支付、记录、处理的整个服务水平就会受到影响。

法律风险

受托人面临着多种法律风险，这些风险来自几个方面。必须遵守监管要求，并要求受托人时刻关注法律和监管机构目标方向的新变化。例如，监管机构正在努力要求提供更及时、更准确的信息和更好的披露，将在未来几年对受托人产生影响。例如，SEC 规则 15c2 - 12 规定的信息披露代理的职责。受托人赖以生存的信托文件也会产生法律风险。我们所处的当今社会，诉讼越多，受托人的法律风险和被起诉的机会也随之增加。受托人还面临着其他一些法律风险，概述如下。

适当的留置权风险：可能会要求受托人保留适当记录的《统一商法典》，以确保作为债券持有人担保的抵押品保持正确的法定留置权。受托人必须满足《统一商法典》现行记录要求。如果发行人是文件项下的主要责任方，受托人还必须确保发行人符合适当的《统一商法典》备案要求。任何第三方试图确立高于受托人对抵押品的留置权或发行人损害该留置权的任何企图，均要求受托人立即采取果断行动。受托人的风险在于发现此类行为，然后积极主动地解决问题。

做文件中要求你应做的事：这是一个简单的概念，但准确描述了受托人所面临的法律风险。既包括了解受托人的要求，还包括其后履行其职责的相关规定。我坚决支持受托人必须履行契约中严格建立职责的立场。如果契约对此未作要求，则受托人并无义务。接收契约中明确规定所需的财务报告和其他文件是首要责任。

其次是审查上述文件，以确保其符合契约的规定要求。例如高级职员的无违约证明。受托人必须将证明条款与契约要求的条款进行比较。任何不一致处均应导致受托人拒绝接受该证明，并要求提供一份包含适当条款的新证明。如果不这样做，则受托人将面临诉讼、损害赔偿和损失，包括昂贵的法律调解，或更糟糕的是，法院判决受托人败诉。

诉讼对象：对于债券持有人和其他参与这些债券发行的各当事方而言，受托人确实代表着实力雄厚的金主。聪明的受托人知道，他们可能会成为诉讼对象，诉讼可能出于下述几个原因，包括：（1）过失方认为受托人未履行其义务；（2）过失方（通常在交易中未收到其款项）希望揭发受托人的不法行为。众所周知，受托银行不喜欢负面宣传，不希望他们的名称出现于媒体和法庭。因此存在一种可能，即诉讼开始时的目标是迫使与受托人达成和解。被起诉的风险始终存在。明智的受托人通过正确地做好自己的工作来防范这种风险，他们依靠顾问和其他专家保护自己，并认识到错误发生时，即使自身无过错，他们依然可能会成为诉讼目标。

法律判例和诉讼风险：尽管大多数诉讼确实从未进入庭审阶段或达成判决，但总是存在诉讼的判决会对受托人不利的风险。由此形成的法律判例可能会在未来几年影响到所有其他受托人。

1952 年 Dabney 诉 Chase[①] 一案的判决就是一个例子，这个案件的判决至今仍有一定影响。Dabney 诉 Chase 一案在普通法中确立了受托人在违约事件中存在利益冲突的概念，在这种情况下，受托银行也是违约发行人的贷款人。这一先例已牢固地确立了这种违约后借贷冲突处理方法，就是要求任何受托人在这种情况下均必须辞职或解除借贷关系。因此，法律判例对受托人而言始终是一个潜在风险。所有受托人必须了解这一点，并据此行事，以避免在受托人考虑其诉讼选择时陷入这些危险的先例。根据我作为受托人辩护的专家证人的经验，我可向你保证，法律环境对受托人越来越为不利。我发现了几个原因。包括以下内容：

- 由于 2008 年经济危机，银行是不被同情的被告，银行总是被归咎部分责任。
- 银行希望避免审判的声誉风险。
- 对银行而言，在诉讼中为自己辩护需要投入巨大的时间和成本。
- 这些银行代表了一笔交易失败后用于弥补损失的冤大头。
- 对受托人职责的真实性质以及该职责固有的局限性缺乏理解。

由于这些原因，受托人发现自己处于艰难的境况。他们必须正确地做好自己的工作；这是在诉讼期间最好的保护。

尽职审查：目前受托人面临的一个令人不安的法律风险是受托人尽职审查的概念。问题是受托人是否有责任关注交易背后的经济事项还是

---

① Dabney 诉纽约市大通银行，196 F. 2nd 668（1952）。

仅仅依据所出具的法律意见书。Tremble 诉 Holmes[①] 一案涉及一笔市政债券的发行，其中债券发行目的是为西雅图附近的一个办公大楼提供资金。遗憾的是，开发商侵占了债券资金，而这座建筑一直没有建成。债券持有人对包括受托人在内的所有相关人员提出起诉，主张受托人应知道法律意见书所陈述的债券根据州法律规定正确发行是有误的，而受托人对债券发行的法律要求进行尽职审查是行业惯例。该案虽已解决，但引入了一个非常危险的前提条件，即受托人在结算前具有应审查融资的法律依据这一重大责任。这种描述完全不正确。本案清楚地凸显了这一担忧。市场参与者似乎使得受托人陷入该危险的责任范围。受托人显然不具备履行此义务的专业知识或资源，当然也未支付足够的报酬来承担这些责任。然而，潜在风险仍存在，受托人团体必须仔细观察。

费用和赔偿风险的优先级：在发生违约事件（如破产）时，受托人需要在信托文件中确立其作为费用和支出第一人的地位。若未能成为第一人，将使受托人在破产事件发生时面临无法获得全部工作报酬的重大风险。对于被任命为受托人，我将其称之为"交易破坏者"。在我看来，除非在向债券持有人或其他第三方支付任何款项前，已占据收取其费用和支出的优先地位，否则交易破坏者应拒绝接受任命。

还应提供赔偿保障条款，以避免受托人面临重大风险。在发生违约事件或其他情况时，受托人有权从发行人和债券持有人处获得此类赔偿；条款设计不当或者没有设计可能会使受托人面临风险。聪明的受托人会意识到这一风险，并坚持在信托文件中使用适当的赔偿保障条款，以便在采取行动前保护自身。受托人有权在采取行动前要求赔偿。

业务风险

受托人要承受各种业务风险，具体如下。

定价：尽管我们努力继续提供所需的最优服务，但由于受托人费用

[①]　Tremble 诉 Holmes 港污水排放区等，艾兰县案件号 01 – 2 – 00751 – 8（2003）。

收到来自多方面的压力，从而导致定价降低、收入减少以及受托人风险增加。如果业务不能产生预期的收益，则提供受托人服务的机构将不再支持该业务，且该机构会将资本和资源分配至其他地方。受托人可通过运作提高效率、开发新的收入来源，以及拒绝仅为抢占市场份额而压低业务价格，来应对这一趋势。这样我们所做的工作必会获得丰厚的报酬。对发行人进行教育，提供良好的服务，并建立稳固的客户关系，才能抵御定价的负面趋势。

资源不足：对于人事和制度均适用。合适的人员和合适的体制对于正确管理受托人业务中面临的风险至关重要。这种解决方案与保持盈利能力、寻求更多样的收益机会以及说服高级管理层相信提供受托人服务的业务的可行性均相关。在关于管理和企业未来的章节（第 13 章和第 14 章）中将对此进行更多的阐述。

培训：缺乏培训的员工对于企业而言是一种显而易见的风险。不断修订的法律、更加复杂的交易和新系统需要训练有素的各级人员。注重培训和发展专业知识是任何受托人更有效管理风险的关键所在。做到定期培训你只需要通过整合内部和外部资源即可。

高级管理层不了解的业务：如何向高级管理层介绍受托人业务？此外，对银行的其余部门、我们的客户以及第三方影响者的教育也同样至关重要。受托人业务中涉及的每个人均必须持续教育他人。这是一项日常任务，而不仅仅是在会议、大会、结算或客户活动中的工作。不断重复我们提供的服务和附加价值即为答案，并由实际业绩加以支持。高级管理层总是在寻找成功的企业。证明受托机构业务能够产生有吸引力的年金收入、优异的利润率、长期盈利以及良好的客户关系，以引起他们的注意，从而成为销售其他银行服务和支持其他银行产品的平台。

新产品风险：开发一个新产品，并投入时间和资源去创建一种新产品总是存在一定困难。其风险在于首先需确定业务需求，并通过现有员工增加新的专业知识或制度或增加新员工，正确评估自身具备能够满足这一需求的能力。这是有风险的，对于你而言全新的领域，无法确定其是否会产生预期的收益或涉及意料之外的风险。受托人必须开发一种评估新业务需求的机制，并通过适当的风险分析、建立适当的程序和培训从而更有效地管理这一过程。

我相信专职项目经理是开发新产品的最佳方式，但对于许多信托业务而言，不具备这一奢侈配置。

声誉风险：在所有风险中，声誉风险最具破坏性。其源于负面新闻，会损害银行在市场上的声誉。诉讼或监管机构的罚款或监管检查不合格均会对企业和银行造成此类风险。简而言之，信托不希望像 20 世纪 90 年代中期的大通银行那样，出现在《华尔街日报》头版。这篇文章中有一幅漫画，画的是一位老师在黑板前，戴着一顶傻瓜帽（意思是你不太聪明），帽子上写着 1 + 1 = 3。这篇文章是关于信托的一种制度转换，银行将"已发行"与"未发行"的债券金额混为一谈，并因此出现账户不平。尽管还有其他一些案例，但是这是我见过最有损声誉的案例。为规避此类风险，我们必须适当地做好自己的工作，一旦出现问题，应及时进行解决，并将其传达给高级管理层和受影响的客户。

估值

在某些情况下，受托人须按照信托文件的要求对证券或抵押品进行估值。当受托人未能进行估值或估值错误时，受托人就会面临风险。

为避免这种风险，信托人应在结算前仔细审查信托文件中的任何估值要求，以确保估值方法得到准确说明。不能有歧义。它必须非常清楚，以便受托人确切地知道进行何种估值，何时进行估值，以及如何进行估值。受托人的明智做法是坚持详尽的信息细节，如为了获得要估值的担保或抵押品的准确估值，使用哪个指数或估值来源。关于何时进行估值的具体指令也是必须的。

受托人未能正确进行估值将会给债券持有人带来债务风险。受托人进行最常见的估值领域是在有结算保证金的情况下。对结算保证金进行估值，并适当通知发行人增加抵押品或返还超额部分，这是受托人要发挥的一个关键角色。如果结算保证金不足以支付要求的款项，未能恰当地这样做可能降低债券持有人的担保，并将导致受托人承担责任。

7.4　如何成功管理信托风险：十大最佳实践做法

我向受托人推荐了一些最佳做法，以便他们成功地管理业务风险。我列出了十大建议，供大家参考。其余建议列于附件 C，供大家考虑。

1. 了解自己的文件契约，从受托人的角度出发，利用恰当的保护性条款商议制定良好的文件契约，该条款应清晰易懂。

2. 了解自己的客户及其业务，以及他们希望通过融资实现的目标。

3. 了解交易、债券发行的原因以及融资的目的。

4. 从多种背景中找到你能找到的最佳人选。让他们接触业务的多个部分。对他们进行培训，并持续支持他们。通过创造最优的工作环境，为其提供不断学习、成长和成功的机会，尽量留住他们。

5. 通过配备专门的风险/合规员工，创造适当的风险控制环境。制定最新切实可行且全面的书面制度和流程。建立审查委员会和监视名单，以便在违约账户和风险情况出现时进行审查。制定书面的账户接受标准和新业务准入委员会，以审查和批准所有新业务，旨在接受合适公司的业务（而非你无法提供服务或者将发现自己身陷诉讼中的高风险业务）。

6. 拥有足够的资源以妥善处理业务，包括人员和制度。请勿让企业"挨饿"，也不要让现有员工的负担过重，因为这必然会导致人员流动和失误，从而耗费时间、客户和金钱。

7. 制定一个持续的培训计划，其中包括新员工培训、业务培训、制度培训和业务关键方面的专业指导。利用内部和外部资源。改变在职培训、教学活动、线上学习和书面材料之间的培训方式。

8. 如有疑问，请咨询顾问协助审查文件以及受托人采取的支持措施。一定要聘请经验丰富的破产顾问，以便在破产情况下代表受托人行事。

9. 在免除任何债务或其他款项前，必须要求先收到路径正确的资金。对于任何资金的支付，请务必根据文件规定的书面指示进行，因为一旦完成支付，即无法追回。

10. 经常询问其相关事项，并尽可能地收集所有你在任何情况下获得的事实。请勿犹豫不决，立即将情况上报给业务管理部和/或寻求顾问建议，以确定应遵循的行动方案。如果你不清楚或不理解对你提出的要求，或不理解文件契约项下规定的适当性，在执行上述事项前，请勿贸然行动。

结论

在债券发行期间，受托人在履行服务过程中面临着诸多风险。受托人能够成功地管理这些风险，但前提是他们必须雇用、培训和支持合适的人选。制度会有很大帮助，但归根结底，没有一种制度能够代替人审查契约或与顾问进行协商或为客户服务，这些服务只有人能做到。了解他们的资料、交易及客户的信托的专业人士是你防范风险的最佳保障。他们有责任感和紧迫感，为受托人提供市场需要的一切服务。最终的服务是代表债券持有人的利益，使其在发生违约事件时能够最大限度地进行追偿。只要对风险管理给予适当的关注，受托人既可提供证券市场所需的服务，还可为其机构达成一项盈利性业务，产生可持续的收益。

章节摘要

• 恶劣的商业环境和更多的诉讼要求受托人更加勤勉地履行违约前和违约后责任。

• 随着 OCC、SEC 和各州审查员均加大了对受托人的审查力度，监管要求也有所提高。

- 受托人必须监督管理风险的两个主要结算前领域是了解你的客户（KYC）和适当的文件审查。

- 结算后要求受托人注意管理风险的领域多种多样，但主要集中在适当的备忘录、合约监控、资金流向以及制定合适的制度和流程方面。

- 概述了关键的最佳做法，其中最重要的是聘请最佳人选并对其进行培训，并有足够的人能够从事这项工作。

- 运营风险的核心在于拥有适当的制度和记录完善的过程，并对记录保存、资金流动、税务申报和对账进行适当的控制。

- 必要时聘请法律顾问审查文件，并在违约情况下提供建议，可对法律风险进行管理。履行信托文件项下的所有责任是避免诉讼风险的必要条件。

- 受托人的业务风险包括声誉风险，主要是通过诉讼、资金损失和不履行信托文件规定的职责等方式造成的声誉风险。

- 受托人如已聘请经验丰富的违约顾问，并避免利益冲突，可减轻违约后风险。

 案例研究

信托管理人因发行人造成的某情况找到你。发行人似乎在指示管理人不要为即将到来的偿还债务而在债券发行期间使用直接付款信用证提款。发行人表示将以电汇方式支付这笔款项。回答下列问题：

你对这一要求有哪些顾虑？

如果你建议管理人听从发行人的指示，不使用 LC 提款，则后果将会怎样？

听从这样的建议有哪些风险？

回复

实行直接付款 LC 有两个具体原因：

1. 理顺现金流量，以确保及时偿还债务。

2. 维持 LC 中的提款，根据《破产法》规定，LC 具有优先权保护。因此，破产法院不能将其收回。

这些原因是债券持有人即使在破产的情况下，仍能获得偿付并持有这些付款的重要保障。如果受托人忽略 LC 的持续提款，而让发行人直接付款，则他/她将规避 LC 提供的保护，并对债券持有人造成潜在伤害。

如果经营者建议管理人听从发行人的指示，则我建议管理人对该建议提出质疑，并将问题上报给上级业务管理部门和顾问。

对于银行、债券持有人和管理人而言，风险过于严重。

听从发行人的指示将直接违反债券发行各方确立的 LC 宗旨。如果发行人随后违约并申请破产，且该申请在付款日前 90 天内，则破产法院可扣押此笔款项。

该风险是巨大的。此外，在发行人指示管理人作出一些违背债券融资惯例的行为时，我鼓励管理人在听从这一指示时要慎重考虑，并征求顾问意见。这一案例表明，管理人必须时刻考虑任何事实情况。在这种情况下，发行人极有可能会陷入财务困境（财务数据可能会显示出这一情况），并打算在 90 天的优先权期限内申请破产，以收回偿债资金。你不希望冒此风险。

第 8 章

信托产品

导言：纽约州纽约市—2008 年 10 月

我正在和我的账户管理人一同与我们德意志银行在纽约的运营和竞价团队进行合作，试图解决我们可变利率需求债券发行濒临崩溃的危机。由于市场危机，投资者已对其继续持有的可变利率需求债券失去信心。导致债券持有人大量抛售债券，他们不再想要其持有的债券，只想要现金。这种情况的出现，让人始料未及。

由于现在没有人愿意持有这些可变利率的债券，因此没有人参与减价拍卖（通常因重置债券利率而举行）。拍卖失败，流动性银行现在被迫支付（并持有）债券，因此创造出"银行债券"这一术语。现在，发行人需要按照信托文件的要求，大幅增加这些银行债券的利息支付，这又是一个意料之外的情况。

最终结果是几种债券产品在一夜之间消失——我们将其纳入收益流中。在 2008 年 10—12 月 3 个月时间内，可变利率需求债券市场缩水。同时，我们作为减价拍卖的代理机构，对这一昔日流行的债券产品相关的代理服务需求也大大减少。因此，在极短时间内，信托的两款盈利产品（可变利率债券托管和减价拍卖代理服务）几乎已消失。

昔日良好的收入来源突然间一去不复返。当前挑战仍是如何弥补这些损失的收入。

现实情况是，债券产品可能稍纵即逝，从而迫使受托人寻求其他收入来源。

章节目标

关于信托产品这一章节内容，我的目标是简要概述信托中最常见的产品。我还将介绍服务于这些产品的一般受托人职责。当然，不同受托人还可提供其他特定的服务，这些服务会随着证券市场和客户需求的变化而演变成新产品。对于受托人而言，这将永远是一个不断演变的过程。这就是为什么我一直对这个行业着迷的原因——它总是在变化。

我将介绍构成信托业务典型部分的基本产品：

Ⅰ. 市政债券

Ⅱ. 公司债券

Ⅲ. 托管

Ⅳ. 保管

Ⅴ. 其他信托产品

结构性融资产品（如 ABS、MBS、CDO、CMBS 和 CMO）将在单独章节（第 9 章）中阐述。

一般信托服务

在介绍产品前，大多数情况下所有产品提供的服务大致如下：

- 一方向另一方收取和支付资金

- 付款信息、债券证明、债券持有人记录、信托账户中的现金流动以及投资的记录保存

- 向投资者和 IRS 申报税收

- 各种信托文件要求的合规性监控

根据产品的不同,其他更专业的职能可能包括:

- 提交《统一商法典》表,以维持财产和抵押品的留置权

- 按照指示进行资金投资

- 接收财务报告、证明和意见

- 向投资者和市场披露信息(例如,用于市政债券的电子市政债券市场准入系统)

- 持有抵押品

任何产品中可能出现的最终服务是指受托人在违约时的行为或其担任代理所要求的行为(例如,如未履行协议条款,则为托管人或保管人)。让我们简要回顾一下产品。

8.1　市政债券

市、县、州或其他政府实体,如渠道发行人(如州房屋管理局)发行市政债券。它们有两种形式:

- 免税:不需缴纳联邦税,可能需要缴纳州税。

- 应纳税:需缴纳联邦和州税。

大多数市政债券属于免税类别。它们可以免除联邦税,在某些情况下还可免除州税或地方税,即所谓的双重免税债券。出于联邦税收之目的,也可对其他市政债券征税。

市政债券主要有几大类。包括:

收益债券:完全由项目或资产的收益支付给债券持有人的债券。这些债券对发行人而言无追索权,但只能从融资的具体收益中支付。这种

债券被认为是有担保的债券，并且有相关受托人。

GO 债券：又称为一般义务债券，仅由市政当局的一般财政资源（如税收和其他收入来源）支持。这些债券是无担保的债券，没有相关受托人。仅存在一个付款代理来接收和支付资金。作为付款代理，银行的职责限于接收和支付资金，并无其他责任（如违约责任）。

产业发展收益债券（IDRB）：为私人活动发行的收益债券——通常由一家营利性公司发行，该公司租赁由债券收益建造的设施，并有义务支付该债券，而非由发行债券的市政当局支付。

501（c）（3）债券：由慈善/非营利实体（如教会、学校、医院、学院和大学）根据 IRS 法典第 501（c）（3）节发行的债券。这些债券因其本身的性质而获得优惠的免税待遇。

再融资/废止债券：在一段时间内或某些情况下，在指定时间内为偿还现有债券而发行的债券。其目的是让发行人通过以较低利率发行新债券以支付较高利率的旧债券，从而降低融资成本。我将这一过程比喻为个人以较低利率的新抵押贷款为自己的抵押贷款进行再融资。

然而，在债券再融资中，旧债券可能不会立即得到清偿。受托人对再融资/废止债券的作用有限；这一职责主要局限于投资资金，然后按要求清偿债券。具体的投资通常涉及州和地方政府证券（SLGS）；其利息可豁免 IRS 的套利退税要求。

住宅债券：由住宅收益支持的市政债券。有两种类型：

- 单户：单户住宅
- 多户：公寓、共管式公寓和复式公寓

州或地方房屋渠道管理局通常会发行债券，因为其属于政府实体，拥有发行债券的权利，可发行债券用于为住房提供资金。不能求助于渠道管理局，只能求助于房产及其现金流量。受托人承担着与住宅债券有关的各种职责，包括每月现金流量收据和资金的处理；可能持有的贷款抵押品或有价证券；投资；付款；赎回和偿债基金；合约监督；更换服务机构。在发生违约的情况下，受托人可以参与房产的取消赎回权、维护和出售。

其他市政债券

以下是受托人可能会遇到的其他市政债券清单。其他市政债券产品清单见附件 D。

可变利率需求债券（VRDB）：为债券持有人提供附加认沽期权的可变利率债券。这些债券可能包括重置利率的减价拍卖程序。如果债券无法再销售（例如，转售给发行人），则他们将纳入流动资金提供者来支付认沽债券的费用。如果不进行再销售，则该债券将由流动资金提供者购买；因此该证券将变成"银行债券"。

BAB 债券：又称为"建设美国债券"，是根据《美国复苏与再投资法案》（ARRA）刺激立法，在 2010 年短暂发行的应纳税市政债券，由政府补贴利息支付。政府对学校、环境项目和经济发展的补贴债券种类众多。BAB 债券可能类似于收益债券税，但增加了提交税单的可能性，该税单将由发行人签署，由政府支付资金作为利息补贴。最初的补贴各不相同，但通常为 35%，而在政府实施自动减支的年份里，政府的补贴额度会相应减少。根据我的经验，在某些情况下，即为"政府给予，政府收回"。以前曾发生过。

8.2 公司债券

一般而言，公司债券不像市政债券那样要求受托人履行各种职责。大多数公司债券无需担保，没有建设基金、频繁的现金流量、《统一商法典》备案、保险要求、EMMA ⓡ披露义务、变动利率、认沽期权、信用增级提款或投资。换言之，其管理方式更为简单明了。

但公司债券的破产（即违约）可能性更高。如果是公开发行的公司债券，也必须遵守《信托契约法》的规定，但市政债券则不受 TIA 的约束。公司发行人亦需接受 SEC 的监督，但市政发行人则不受其监督。持有公司债券的受托人的标准职责是偿还债务，通常每年支付两次；监督审查财务报告合约，接收年度官方的无违约证明，以及管理偿债基金和赎回。如需满足 TIA 要求，受托人还必须对潜在重大利益冲突进行审查，并要求每年向债券持有人和 SEC 报告。

公司债券的类型

以下是公司债券的类型：

信用债券或票据：一种由公司总体财务状况背书的无担保债券。该债权无需担保，且没有特定的资产或抵押品予以支持。通常向公众发行。

可转换次级债券：能够以一定价格转换为发行公司普通股的债券。

商业票据（CP）：期限少于 270 天的无担保公司票据。CP 通常在具有连续发行流程的项目中发行。

中期票据：一种无担保，发行期限为 1 年至 10 年不等的中期公司债券。

第一抵押债券：由公用事业公司（如电力公司或通信公司）发行的有担保的公司债券。该债券以公司的房产、厂房和设备为第一抵押物而担保。债券通常是公司多年来多次发行的补充契约，为收购和置换公司的实物资产提供资金。

设备信托：以特定设备为担保的债券发行，由使用该设备的公司租赁。例如飞机、轨道车辆、船舶或任何其他设备。

杠杆租赁债券：一种以设备为担保的债券发行，但增加了购买债券以资助设备股权的当事方。这些债券通常占设备购买价格的 80%（例如，飞机由债券资助，其中 20% 由一个或多个参股方资助）。这些债券有一个契约受托人和一个所有者受托人持有设备的合法所有权。

144A 和 Reg S 债券：SEC 监管私募债券发行的规则。144A 债券在美国发行，而 Reg S 债券在境外发行。根据这些 SEC 规则，该债券必须符合发行条件，意味着只能将其出售给所谓的 QIB（合格机构买家）的机构投资者。该债券的限制在于只能将其出售（即转让）给其他 QIB，并在债券上附有此限制性说明。如果发行人有资格根据这些规则发行债券，即可避免在 SEC 注册，因而能够更迅速地进入市场，并规避了 SEC 的披露要求。这类债券的另一个共同特征是，其往往在首次公开发行后会进行置换，但首次发行必须符合 TIA 的规定。

项目融资：一种混合型的融资结构，可将其视为一种超大型的债券发行，同时伴随着一批以债券和贷款的方式为项目融资的贷款人。该项目可在境外或美国进行。通常，这些交易为基础设施项目提供资金，如发电厂、天然气管道、废物处理设施、电信系统、采矿、道路或水坝等。这些融资金额可超过 10 亿美元，信托在该业务领域可发挥多种作用。这些职责包括：

- 施工代理方支付工程款
- 存管机构
- 开户行
- 受托人

管理这些融资需要专业知识，因为较复杂且涉及不同的第三方（即贷款银行、项目发起人），而且增添了处理境外危机的波折。这些挑战包括时区问题、语言问题、文化影响、外国法律问题和资金流动。

8.3　托管

信托中常见的托管交易有很多类型。在此，受托人充当双方或多方之间短期交易的"托管代理"。以下是由我作出略带幽默感的定义，但也不无道理：托管是指彼此不信任的双方或多方之间签订的协议。

作为托管代理，受托人根据指示行事，不具有自由裁量权。受托人仅充当代理的身份，按照托管协议和相关方的指示行事。受托人通常提供特定的服务，譬如持有现金、有价证券或资产，并根据指示或事件的发生对其进行分配或发行。

托管协议内容通常较少，有6~8页。托管代理通常仅收取最低限度的费用。以下是一些较为常见的托管类型：

- 并购托管：在完成并购前交存的现金或有价证券。在发生并购时，公司"A"持有人将股票或现金交存给"B"公司股东。如果未发生并购，则将股份或现金返还给原持有人。

- 诉讼托管：由被告或其他诉讼当事人交存的资金，待诉讼结果生效后，按照法院要求予以支付。

- 认购托管：一批投资者认购油气、地产等公司或项目的股份。他们将在达到一定的固定金额时获得股份或所有权，又称为"突破托管"。如未达到固定金额，则不发生交易，将退回各投资者的资金。

- 1031同类财产交换：在财产A交易结束（出售）时将资金存入托管账户，可在180天后作为同类财产与财产B进行交换。"1031类财产交换"的名称是指允许进行此类交易的IRS法典章节内容，其可以避免资本利得税。将资金存放在托管代理处，托管代理也可作为合格的中介（QI）按要求妥善保管资金。

- 再保险信托：一种信托，由保险公司A将资金存入托管机构，然后由该托管机构对保险公司B进行赔偿，保险公司B反过来承担保险公司A的保险风险。又称为针对保险商的保险。例如，如果发生飓风，则向保险公司B赔付资金。资金的定期存入或支付可以是托管代理职责的一部分。

- 葬礼信托：为在葬礼前持有资金，并用于支付此类成本而设立的托管。

- 建设保留托管：在项目完成前，从建设资金中保留或预扣的资金（例如，10%的保留款）。项目完成前，可能在支付时定期扣除保留款。然后，按照指示支付剩余款项。

- 合格的和解资金托管：一笔由美国财政部授权，并由法院指示设立的基金，被用于在诉讼中解决索赔，或用于处理诉讼程中的和解款项。

- EB－5 托管：一个政府支持的计划，用于帮助符合条件的外国公民获得签证，前提是他们有 $500 000 的存款，并承诺在美国创造一定数量的就业机会。托管代理将持有资金。

- 小型租赁托管：一个为持有市政当局的资金存款而设立的托管，用于作为公共用途的设备或财产租赁。例如，租赁可为公共汽车或扫雪设备融资。

- ESCO 托管：一个涉及能源服务公司的政府支持计划。根据此计划，如果一家公司符合成为 ESCO 的条件，则政府将支持该公司以获得银行贷款，从而为需要节约35%的能源成本的项目付款。这35%的节约成本用于偿还银行贷款。托管代理将持有资金。

- 环境托管：一种在支付前持有资金以支付环境清扫费用的托管。

托管代理的职责和风险

托管是信托的一项关键业务，包含有各种职责和风险。尽管托管只是一份8页的文件，托管代理承担有限的职责，但其仍会产生问题。我已在多种情况下见过此类问题，受托人担任单纯的托管代理，但未能理解到，即便是如此单纯的角色，依然有许多事情在其未能履职时出错，从而导致受托人承担责任。除此之外，交易各方可能未就预期结果达成一致，其潜在的危险情形就是你可能会面临着需要对一方或多方负责，包括对其托管代理的责任。以下是托管代理职责和风险的简要总结。

职责
- 一次性或定期接收资金、证券或资产。
- 按照指示保管资金和进行投资。
- 验证根据托管协议收到的文件。
- 在一次支付中或在发生事件后，按照指示一次性或定期分配资金或资产。

风险
- 托管证券或资产的估值。

- 未经所有相关方适当授权，或在托管协议中延长认购期。
- 对托管协议的一方或多方造成损害的不当支付。
- 未能适当履行托管协议的责任。
- 未能根据托管，就 KYC 对所有各方进行适当的尽职调查。
- 很少或没有预警的托管事件，这使得托管代理时间紧迫，无法正确审查交易。
- 未能仔细阅读托管协议，导致缺乏适当的明文保护（即谁指示托管代理和赔偿）。
- 未能理解所需职责，导致未履行。

另一个风险是防范所谓的"虚假托管"。这些托管是诈骗者实施的诈骗计划，他们试图通过表示自己已开立合法的银行账户并聘请你作为托管代理来欺骗第三方。他们通常表示自己需要存一大笔（例如，他们有 10 亿美元，并希望你开一个托管账户）。然后，他们会用这个账户欺骗他人。请勿这样做。记住，如果事情听起来好得令人难以置信，那就是欺诈。

真实例子

有一次我接到一个人的电话，他自称可从俄罗斯撤回 2 万亿美元。他想让我开一个托管账户。他说他认识普京，正在和乔治·沃克·布什共进晚餐。我没有开账户。

后来，我通过发起"可疑活动报告（SAR）"，发现此人曾多次试图欺骗这家银行。所以务必保持警惕。

8.4　保管

保管是信托中的一种产品，受托人据此在一段时间内持有资产或证券。受托人根据保管协议或抵押协议，充当保管人。受托人再次充当代理，且没有自由裁量权。受托人遵循保管协议语句的指示。

简而言之，作为保管人，受托人执行以下事项：

- 接收证券、资产或文件。
- 根据保管协议，验证其收到的内容是否完整。
- 保管资产、证券或文件。
- 按照指示归还资产、证券或文件。

这听起来很简单，不是吗？事实上，这一点也不简单。要成为保管人，需要优秀的人员、适当的系统以及对接收、验证、跟踪、持有和支付所述物品的整个过程的良好控制。

主要的保管产品是抵押贷保管。在这种情况下，保管人必须履行各种职能，包括：

- 接收抵押文件。
- 验证所有适当的抵押文件均齐全且内容完整。
- 追查缺失的抵押文件。
- 通常采用为每个文件进行条形码编码的方式将文件录入系统。
- 将文件放入规定的存放处。
- 抵押用于再融资、取消赎回权或出售时，应要求删除并归还文件。

所有上述职能均必须按照保管协议执行。通常，临时员工的雇用数量会有波动变化，这增加了额外的培训和管理挑战。

我在解释抵押保管人的职责时经常会开玩笑说，抵押保管人永远不会丢失文件，只是可能忘了文件的存放位置。

8.5　其他信托产品

下文是一些可在信托中找到的其他产品。

结构融资：债券发行以产生现金流量的特定资产支持。举例：

- 抵押贷款支持证券（MBS），亦称住房贷款抵押支持证券（RMBS）

- 资产支持证券（ABS）
- 担保债务凭证（CDO）
- 商业抵押担保证券（CMBS）
- 抵押担保债券（CMO）

全球产品：国际债券和其他海外产品，如离岸信托和董事信托。

继任受托人/违约管理：信托业务提供的一项独立服务，在此服务中，债券发行事务由一名受托人转移至一名继任受托人。大多数继承是因现有受托人因利益冲突而辞职造成的，这种情况一般发生在违约事件（即破产）中。为避免利益冲突，原受托人与继任者交接事务，并签署三方协议以转移托管权。为开展此业务，尤其是在破产发生或即将发生时，继任受托人必须经过适当培训。经验丰富的人员方能正确管理违约问题，同时必须在整个破产流程中与顾问密切合作。受托人违约可能产生更多风险，尤其是在债券持有人遭受财务损失时。我们必须意识到，由未被支付的债券持有人或其他第三方提起的诉讼频繁发生，这种可能性持续存在。然而，继任受托人的服务是必需的，这可为信托业务部门产生有吸引力的收费。

各种信托的董事：可归类为一个单独产品的另一项相关服务。例如，在美国或海外的免税或有利地点设立特殊目的机构时，这是一种特定信托。这些信托需要董事的服务以建立和管理信托。董事召开董事会会议，保存会议记录，合法持有资产或现金，并按照信托的指示履行多项职责。正式董事的担任者需要承担相关法律责任；这些责任包括受托人角色。

拍卖费率代理：拍卖代理处理涉及某些证券结构的荷兰式拍卖的产品。

结论

信托业务包含多种产品。由于经济条件或税法不断变化，因此一些产品可能变化不定。在信托业务中，一个可以肯定的事实是，随着证券市场创造出新工具，始终会演变出新产品，从而为业务带来新机会。

章节摘要

信托业务将服务于多种产品，这些产品将超越构成业务核心的传统产品。

传统产品涉及债券发行的受托人、注册人、转让代理人和支付代理服务，包括：

- 市政债券，包括收益债券和一般义务债券。
- 有担保和无担保的公司债券。
- 银行按照托管协议缔约方的指示，作为短期交易的托管代理的托管。
- 保管，即为其他方的利益持有现金、证券或其他资产。
- 以可产生现金流量的资产为担保发行的债券的结构融资产品。
- 全球产品。

随着新的证券结构和需要记录保存、资金处理所需服务和定价服务的出现，其他产品将不断发展。

信托业务能够并且将会无限制地参与金融市场。总体而言，这对于企业而言是一个好结果，并保证了未来的增长。

 案例研究

有人打电话给你，要求你开一个 10 亿美元的托管账户。他还说，他是"酋长"的代表人，酋长希望立即开立账户，以便按照指示持有资金。他希望今天就开户，并要求银行出具文件确认开户。你要求他提供文件以说明托管导致的结果或者当事方是谁，他回答说没有必要。

你要做哪些工作？

回复

这是一个明显的欺诈或"虚假"交易。你无法获得任何文件来证明交易合法性或资金来源。你不知道谁是"酋长"。美元数额高得惊人，可能是虚报。这个人想让你开一个账户，这样他即可向其他第三方证明他在你的银行有一个合法账户。然后，他会用这个账户欺骗他人，随后消失。

你必须拒绝这种诱惑，请勿发送任何可能被银行理解为接受或开户的信息。你还必须开始提交 SAR 报告。

我确实接到过这种电话。当你的企业需要收益时，10 亿美元当然很诱人，但你不能同意。

第 9 章

结构化金融

导言：北卡罗来纳州夏洛特市—2000 年 8 月

我在等一个所有资产支持受托人都不希望接到的电话。电话打过来通知我们，受托人将作为候补服务商介入，并实际接管我们信托资产需要的候补服务商的服务。在这种情况下，资产是 Heilig‑Meyers Furniture 的家具应收账款，这家公司在两周前突然申请破产保护。由于家具应收账款收取自全州 700 多家 Heilig‑Meyers 商店，因此必须有人来做款项收取工作（即，由于没有集中计费系统，因此只能到当地商店收取）。每家商店通常均以现金支付，这使得事情变得更加复杂。家具质量一般较为廉价，应收账款的金额也相应较大。商店位于农村和大学城区域。

由于 Heilig‑Meyers 无法继续提供服务，因此信托文件要求受托人介入，或让代理代表我们提供服务。但所有法律条款均没有开始让任何一个人意识到实际提供服务需要承担多大的工作量，直至面对真实的情景，去进行该项工作。受托人现在负责700家商店和10亿美元的家具应收账款。我们的业务管理部提醒我们随时准备好出差前往指定商店，以担任收银员，且持续如此。

我很好奇我将分配到哪个州的哪家商店。这不是我下个月的计划。

幸运的是，我一直未接到这通电话。这场危机因少数人付出的巨大努力而得以避免。公司继续提供工作人员来维持商店的正常运转，我们还聘请了合格的候补服务商继续提供服务。但这个情况教会我意识到，真正成为候补服务商所面临的残酷现实。我还了解到资产类型对候补服务角色的重要性。当然，我从未设想过，作为一名受托人，我可能会参与收回家具。

章节目标

抵押品支持债券当然不是一个新概念。然而，这些债券的结构及其对融资界的影响非同寻常。由于在结构性金融中对受托人的特殊要求，因此该主题值得自成一章。

某些结构性金融债券是导致2008年经济危机的因素。因此，受托人发现他们自身处于尴尬的境地，即在房地产市场下跌带来止赎浪潮的情况下，为自己在导致这些金融衰退中的角色而辩护。许多抵押贷款支持债券的抵押品因此贬值。抵押贷款抵押品违约的影响将是一个漫长而艰难的过程，对受托人而言也是一种挑战。

本章将探讨以下关于结构性金融的主题：

Ⅰ. 证券化和基本结构性融资

- MBS（抵押贷款支持证券）

- ABS（资产支持证券）

- CDO（担保债务凭证）

Ⅱ. 结构性金融债券是如何运作的

Ⅲ. 受托人在结构性融资中的角色

Ⅳ. 受托人在结构性融资和风险管理方面面临的挑战

Ⅴ. 被误解的受托人角色

9.1　证券化和基本结构性融资

结构性融资是以产生现金流量的资产为抵押的债券发行的一种类型。因此，它们是以特定资产作为抵押品的担保债券。债券持有人从这些抵押资产产生的现金流量中获得报酬。因此，没有向任何其他实体进行支付的追索权。换言之，作为服务机构的资产发起人收取现金流，并且没有义务向债券持有人支付。一个例外是，如果涉及第三方信用增级，并最终负责在违约事件中支付债券。

结构性金融债券发行的关键概念是，债券持有人仅寻求资产本身来偿还。将向有抵押资产支持的投资者发行债券的过程称为证券化。

证券化

受托人需要考虑证券化的几个关键方面和定义。

真实出售：资产不可撤销地出售（转让）给信托公司。

破产隔离：资产与发起实体的资产在法律上是分开的。因此，如果发起实体进入破产，则债券的抵押资产不会被收回到发起人的破产财产中。

资产负债表外：将资产移出发起人的资产负债表且不再归发起人所有。

特殊目的载体（SPV）：这是一个法律实体，旨在对抵押给债券持有人的资产，创建拥有合法所有权的法律实体。该法律实体可以在在岸或离岸上创建。抵押资产也可以以受托人的名义分配给信托公司，或由受托人亲自保管，这是在抵押贷款支持证券（MBS）中的常见情况。根据交易，SPV 可以是公司、合伙企业、有限责任公司或信托公司。几种类型的 SPV 包括授予人信托、转手证券信托、转付信托和所有者信托。

现金流量：资产的现金流量由一个或多个服务机构收取，并转付给受托人。

现金流瀑布：该术语用于指定收款的顺序和金额（即一旦从服务机构收到，由抵押资产产生并由受托人管理的现金流量）。

发行人：这是发行债券的实体，通常是 SPV。

发起人：发起人是产生证券化的抵押资产的实体。

PSA：汇集和服务协议可能附有一份契约，说明债券的结构以及服务机构和受托人的职责。

服务机构：这些实体负责收集抵押资产的付款、通知违约方、取消抵押品赎取权、为投资者和受托人定期编制服务机构报告，并采取所有其他行动为抵押资产提供服务。在许多情况下，服务机构同样是资产的发起人。

集合：这是抵押品的分组，称之为集合信托中的资产。

层级：法语单词"slice"是指结构性金融债券发行中的每一系列的债券。CMO 就是一个示例，将其分成许多层级或债券系列，每个级别或债券系列均有自己的利率和到期日：

- A 级 –6% 于 2015 年到期应付
- B 级 –7% 于 2017 年到期应付
- C 级 –8% 于 2020 年到期应付
- Z 级 –0% 于 2030 年到期应付（零息债券）
- R 级 –12% 于 2035 年到期应付（残余权益组；最后支付）

转手证券：这是结构性金融债券发行的名称，其中所有本金的支付和预付均直接转手给所有类别的投资者。

转付证券：这是结构性金融债券发行的名称，其中，本金的支付和预付按照哪一份额先支付的顺序排列。

触发事件：要求受托人在达到抵押品的某一拖欠率时采取某种行动

的文件规定。例如，如果 10% 的抵押品拖欠/不支付，则其将触发受托人采取赎回债券或要求抵押更多抵押品的行动。

结构性金融债券发行的定义

有三种主要的结构性金融债券发行：抵押贷款支持证券（MBS），也称为住宅用房贷抵押贷款支持证券（RMBS）、资产支持证券（ABS）和债务抵押证券（CDO）。

抵押贷款支持证券（MBS）：抵押贷款支持的债券。因此，这些债券有各种各样抵押品和子类别，包括：

- 住宅用房贷抵押贷款支持证券（RMBS）：由私人住宅/居民支持的债券。

- 商业抵押贷款支持证券（CMBS）：由商业地产（如商场或办公楼）支持的债券。

- 抵押品抵押贷款支持证券（CMOS）：抵押贷款支持的债券。

- 房地产抵押投资渠道（REMIC）：CMO 的名称，指由《1986 年税收改革法案》建立的特殊税收待遇。对 CMO 的这一名称旨在确保将抵押资产的纳税义务转移给债券投资者，而不是资产的发起人。

资产支持证券（ABS）：由产生现金流量的资产支持的债券。除了抵押贷款，任何产生现金流量的均可归类为 ABS 证券化。最常见的示例是：

- 信用卡应收账款

- 汽车贷款

- 医疗卫生应收账款

- 设备租赁

担保债务凭证（CDO）：以更独特的结构将特定抵押品证券化的债券。子类别包括：

- 贷款抵押债券（CLO）：由银行贷款支持的债券，包括循环贷款和定期贷款。

- 抵押担保债券（CBO）：由国内外其他债券支持的债券。

9.2 结构性金融债券是如何运作的

对受托人而言，首先了解这些债券发行的原因以债券发行如何运作
至关重要。

发行结构性金融债券的原因？

发行结构性金融债券是为了筹集资金。银行、金融公司和抵押贷款
发起人认为这种类型的融资方式特别有吸引力的原因有很多。

融资成本较低：这些是担保债券，利率较低，因为投资者认为风险
较小，其以特定的抵押品的担保权益进行偿还。

资产负债表外融资：由于资产被移出发起人的资产负债表，因此节
省了税收，并允许银行无须为这些资产储备资本。

破产隔离：投资者更有信心，即使发起人破产，他们也会得到偿
还，因为资产没有被合并为发起人破产财产的一部分。

更高债券评级：由于债券的结构、抵押品和第三方增信，评级机构
对债券进行了最高级别的评级；这也降低了发起人的融资成本，从而降
低了利率。

非流动性资产变现：这些资产载于资产负债表上时为非流动性资
产。将其证券化会使其成为发起人的融资来源。

证券化的概念已被证券市场广泛接受，促使机构投资者发行和投资
超过 1 万亿美元的证券。

这些债券如何运作？

结构性金融债券的运作方式相当简单。复杂性来自于所采用的各种
各样的抵押品，包括服务机构的表现、系统需求和法律架构。

从处理的角度来看，结构性融资流量的运行顺序如下：

1. 资产/抵押品由信托公司（例如 SPV）持有，并产生现金流量——通常为每月，这根据资产类型（如抵押贷款或信用卡）而定。

2. 服务商为现金流量开立账单和收取现金流量，并将其与详细说明现金流量支付性质的服务商报告一起发送给受托人。

3. 受托人接收现金流量和报告，将资金存入各种信托账户，按照指示投资资金，并进行所需的支付。

4. 受托人也可能需要实际保管持有资产，例如 MBS 发行的抵押文件。

5. 服务商对任何拖欠或要求的止赎行为负责。

6. 债券一旦偿清，即将抵押品返还给发起人。

7. 受托人没有调查或审查/批准抵押品或服务商表现的独立职责。

大多数结构性金融债券永远不会过期，因为其抵押品始终多于所需抵押品。这个概念称为超额提供抵押。抵押品的风险越高，抵押的超额抵押品就越多。目的是提供超额抵押品，以弥补抵押品池中可能的拖欠和损失。

正如我前面提到的，结构性金融债券的第二个结构特征是可以有多个层级。换言之，在整个债券发行中，可能有许多不同的债券系列或债券层级。这在 MBS 证券中非常常见。我看到过超过 50 种不同债券层级（系列）的 MBS 发行。显然，从受托人的角度来看，这增加了问题的复杂性。采用多个层级结构的原因是，可以增加债券融资的多样性，以吸引不同的投资者来满足其特定投资需求。一些投资者可能想要安全性高的 AAA 级债券，不为更高的利率所动。而另一些投资者想要更高的利率，而愿意承担更多的偿付风险，因此购买较低等级级别。

结构性金融债券的第三个结构特征是高级/次级结构。在多个层级发行中，较高等级债券层级对资产现金流量的债权优先于次级债券。显然，较低等级份额的债券评级低于最高等级份额，后者通常为 AAA 级。

结构性融资的第四个结构特征是现金流在不同层级上的优先权。特别是在多个层级的 MBS 发行中，偿还本金的抵押贷款抵押品的现金流量优先。抵押贷款的任何偿还（如再融资或止赎）均只首先支付给最高层级。较低等级的层级不通过任何抵押品预付款支付，因此保护其免受赎回。这对于 MBS 证券的投资者而言尤其有价值，他们不希望自己的债券因利息降低而被提前偿还，因为抵押贷款持有人会对他们的抵押贷款进行再融资，因而偿还贷款。从而使投资者的债券被偿付，并面临以较低利率进行类似投资的再投资风险。这是为 MBS 证券化创建多个层级顺序支付结构的主要原因之一。

CDO 结构

CDO 结构在结构性金融中是独一无二的。这种结构的复杂性令 CDO 结构被归咎于 2008 年经济危机的部分原因之一。简言之，CDO 结构的三个方面不同于其他结构性金融债券发行：

• 启动期：与其他结构性融资不同，CDO 结构具有一个所谓的启动期。这是结算后 60 ~ 80 天的时间窗口，将抵押品添加到支持债券的抵押品池中。支持债券所需的抵押品中，高达 60% 是由投资组合经理购买的，并在此期间将其添加到池中。

• 交易期：在启动期后的 1 ~ 3 年内，在此期间进行抵押品交易。投资组合经理积极购买抵押品，以不断优化抵押品池或替代表现不佳的抵押品（债券或贷款）。受托人需要对替代抵押品进行测试，以验证新抵押品是否符合信托文件中确定的标准。因此，受托人作为抵押品管理员以及抵押品池的“维护者”。因此，受托人验证抵押品的可接受性，执行适当的测试，并与投资组合经理结算交易。如果新抵押品未通过测试，则受托人将不会批准交易。

• 稳定期：这是交易期后 CDO 结构的剩余期限，当抵押品不进行交易，并且与其他结构性金融债券发行一样保持稳定。

9.3 受托人在结构性融资中的角色

在结构性金融债券发行中，受托人扮演着各种各样的角色。现金流量处理的频率（通常每月一次）和频繁监控责任以及服务商互动，需要受托人的持续关注。以下是更常见的受托人责任。

现金流量接收：受托人及时接收来自服务商的资金，通常每月一次。

瀑布管理：受托人将接收的资金分配到适当的信托账户。

偿债付款：受托人向债券持有人支付本金和利息。

触发事件：这是一定比例的抵押品出现拖欠，从而触发受托人采取赎回债券措施或需要抵押更多抵押品的情况。

投资基金：受托人根据书面指示将资金投资于经许可的投资。

监控服务机构报告：受托人将接收关于现金流量和抵押品表现的服务商报告。

建模和分析：与债券发行开始时的最初预测相比，受托人通常呼吁生成关于现金流量的报告。还可能需要关于抵押品定价和表现的其他特殊报告。这些报告可提供在一个特定网站上，以供投资者查阅。

候补服务商：如果服务商停业或需要更换，则这是受托人有义务承担的关键角色。候补服务的三个标准级别如下：

- 热情：与服务商的系统并行运行——监控收款、拖欠和现金流量

- 平和：拥有数据但不并行运行

- 冷漠：不进行任何活动，仅待命

文件保管：受托人可保管实物抵押文件。这需要受托人拥有在需要时接收、验证、持有和退回文件的专门资源。所需人员、系统和设施。

预付：特定发行可能需要原始服务商以及任何继任服务商预付资金，以支付预定款项或回购不合格资产。如果受托人成为候补服务商或终极服务商，或在现金流量不足的情况下被指定为预付资金的一方，则问题就变成受托人是否愿意承担这一责任，以及是否愿意实质成为临时贷款人。因此，其是否愿意预付资金取决于受托人。

税务报告：在这一角色中，受托人在所有税务事务方面代表信托的

SPV，并负责编制、签署和提交联邦和州纳税申报单和明细表。结构性金融的四个基本税务问题有：

- 确定所有权
- 当一个实体持有多个级别的转手证券凭证时，仅保证对收入征收一级税收
- 信托收入的计算和报告
- 报告原始发行折扣（OID）税

9.4 受托人在结构性融资和风险管理方面面临的挑战

无须多说，受托人在结构性融资方面面临着许多挑战。为帮助应对这些挑战，首先必需了解所有必要职责。其次，受托人必须仔细审查信托文件，以纳入所有受托人文件中频繁出现的必要保护性语言，甚至进一步确定其所负责的内容。

这些融资的复杂性令受托人承受日益困难的挑战。

为更有效地管理受托人在管理结构性金融发行上面临的日益增长的风险，我将在以下关键领域提出建议。

候补服务商：在所有与受托人结构性金融相关的风险中，这最为关键。受托人在结构性融资中担任的这一职责是标准行业惯例。为什么？因为根本没有其他人可以担任这一职责。为担任这一职责，受托人必须了解服务所需的内容：人员团队、专用系统、记账能力、抵押品、监控跟踪系统、止赎专业知识和收款能力。很明显，大多数受托人并没有这些专用资源。其解决方案是受托人雇用一名代理人作为候补服务商。文件应对此作出规定，并按照当前市场价格向候补服务商支付。不得将受托人置于支付候补服务商的立场。受托人必须设立联系人，以便候补服务商的角色能被立即担当。离职的原服务商和承担服务职责的候补服务商之间不能有任何空档期。如果不能持续不间断地提供服务，则会出现现金流量的中断和拖欠。在信托文件中应有明确的通知要求，或应明确

说明何种特定触发因素下，受托人必须何时以及如何扮演候补服务商角色。我的经验表明，在结构性融资中，候补服务责任是受托人最关键的风险。必须设立备用代理人，以便立即采取行动。这是避免受托人承担重大责任的唯一方法。

服务商行为：不得要求受托人分析或验证服务商的行为；文件表述应该明确说明这一点。受托人既没有资源，也没有专业知识来验证服务机商运营、承销或处理职能。服务商必须独立工作，且独立于受托人工作。不能也不得将受托人置于指导服务商行动的立场。信托文件必须明确豁免受托人的这一职责。

文件保管：履行接收、保管和归还数百万份抵押文件的保管职能（这是少量的大型文件保管公司所做的工作）存在许多风险。需要合适的系统、人员和专业知识；这就是为什么文件保管提供者如此之少的原因。

建模和分析：各种结构性金融债券发行的独特之处需要专门的报告能力。根据我的经验，报告要求始终优先于系统能力。Excel 电子表格有助于填补空白。这是一个明显的控制风险。计算——即根据招股说明书中的原始假设，对预测的现金流量进行报告分析——需要受托人进行精确和准确的报告。这些报告的出具时间也是一个问题，这是投资者会仔细研究的。差错是一个严重的问题。

CDO 特别要求：CDOS 是如此复杂的工具，因此对于受托人而言非常耗费人力。由于抵押品在交易期间经历了一个固定的周转期，因此受托人必须在非常短的时间框架内审批交易——通常是在 24 小时或更短时间内。这需要受托人立即运行报告，以测评替代抵押品是否通过信托文件所要求的特定测评（例如不超过 CDO ontains Greek 债券投资组合的 5%）。

处理这些问题需要大量的事务性工作，这给受托人带来了巨大压力。

9.5 被误解的受托人角色

在结构性金融中，受托人承受着巨大的压力，主要集中在 MBS 交易上。由于 2007—2008 年的房地产衰退，许多 MBS 证券化产品池成为不良资产。尽管以次级抵押贷款所支持的 MBS 发行为中心，但整体房地产价格下跌（以及止赎率的急剧增加）导致了许多 MBS 债券的违约。

有时，在违约的情况下，投资者可能会将诉讼视为弥补其损失的一种手段。拥有次级或不良抵押贷款池的 MBS 证券化产品已成为此类诉讼的目标。遗憾的是，受托人已成为这些抵押贷款池发起人之后的另一目标。

我想重新强调受托人在结构性融资（尤其是 MBS）中的真正角色，以阐明受托人能做和不能做的事情。

服务商功能：服务商拥有人员、系统和专业知识，能够作为抵押贷款收款人。这是服务商所能胜任而受托人无法胜任的工作。迫使受托人承担更大的服务监督工作根本不可行。受托人没有资源或专业知识来监控和控制服务商所采取的一切行动。

信托文件并未赋予这一角色，甚至未授权受托人承担此类责任。如果除评级机构或其他第三方以外的投资者希望受托人承担更大的服务商监督职责，则受托人必须得到更多的报酬。由于无人愿意向受托人支付这项工作将花费的费用，因此这不可能实现。任何受托银行均不会继续作为 MBS 或其他结构性融资的受托人，因为如果需要更广泛的服务商监控和尽职调查，则开展业务的成本和责任将高得令人望而却步。

受托人义务：受托人并非结构性金融交易中的受托人。违约前，受托人是履行契约和 PSA 中具体描述的这些职责的代理人。除信托文件中明确表示存在的责任外，不存在任何隐含职责。受托人在违约前基本上没有自由裁量权。违约后，适用于审慎人标准。这是受托人根据联邦法律（《1939 年信托契约法》）、法院先例以及行业习惯和惯例支持运作的法律标准。将受托人置于一个我们将因此承担更大责任的受信人标准，同时他们将没有权力或资源来完成此类工作，这种做法是不可接受的。受托人不会因此类工作而获得报酬。

契约或 PSA 之外的自由裁量职责：要求受托人承担信托文件规定之外的自由裁量职责同样无法接受。受托人对承销标准或对托管抵押品的质量概不负责。受托人对抵押品池或其假设没有控制权或投入。声称受托人具有此类职责完全错误。

结论

受托人必须拥有非常专业的资源、系统和能力，才能成功履行结构性融资所需的职责。成本、风险和专业处理能力的需求是仅有少数大型受托人从事结构性金融业务的原因。

受托人在结构性融资中的角色既复杂又费事。抵押品的不履行或服务商的困难，这些在 MBS 发行中出现的问题不能归咎于受托人。受托人在结构性融资中扮演一个重要角色，以促进抵押品中现金流量和担保权益的处理。无论外部各方对受托人的要求有多高，受托人均没有权力、资源或专业知识去做其规定角色以外的事项。增加受托人的角色将需要报酬和法定权力。只有时间才能告诉我们最终结果。

章节摘要

• 由具有现金流量的资产支持的债券称为证券化，并且包括称为结构性金融的整个债券融资。

• 受托人遇到的结构性金融债券发行类型有：
    ○ MBS（RMBS 和 CMBS）
    ○ ABS
    ○ CMO（REMIC）

    ○ CMBS

    ○ CDOS（CLO 和 CBO）

● 基本结构是将资产出售给 SPV 信托，其中该信托以受托人的名义合法拥有资产所有权。

● 在结构性金融债券发行中，受托人所面临的最大风险是在服务商违约时成为候补服务商。

● 受托人的挑战在于被认为需要承担更大责任的，这些责任包括服务和监控超出其能力和权限的服务商和/或抵押品。

 案例研究

你是 MBS 发行的受托人。你具有候补服务责任。你可以看到，本月来自服务商报告的现金流收入严重短缺，且再次延迟。

你要做哪些工作？

对你有什么风险？

回复

设立一位代理人，如有需要，你可联系能够立即扮演候补服务商角色的人员。接下来，你必须联系服务机构，并确定延迟报告和收入严重短缺的原因。如果服务商无法或不愿意履行其职责，则根据信托文件，你可能必须推进并更换不良服务商。时间至关重要。接下来你需要编写好通知，并根据契约、集合和服务协议（PSA）的规定，将通知发送给所有相关方和债券持有人。

你还应让顾问参与进来，并将该事务提交给你的信托审查委员会，以便就应采取的措施进行咨询。如果现金流量短缺并非是由于服务商不履行责任，而是抵押品池中的拖欠，则可能会发生你必须因此采取行动来赎回债券或需要更多抵押品的触发事件。

第 10 章

全球受托人

导言：英格兰伦敦市—2006 年

我在伦敦参观德意志银行的当地办事处，培训基础的信托概念。当我经过一座大约1900年前由罗马人建造的堡垒时，美国仅有200年历史的建筑能与之相比，这是一次震撼人心的经历。在此，如同在世界许多其他地方，有着悠久历史可以引起回忆的事物，这些事物轻易就让我们在美国所拥有的一切黯然失色。我很快意识到，不仅仅历史和美学与美国的不同，而且世界其他地方对信托的看法也大相径庭。正是在此处，我学习到受托机构宝贵的欧洲和全球观点。

美国证券市场的强大监管环境源于美国在大萧条时期的经历，其在国际上的存在感较低。在美国，受托机构的概念在法律和实践中早已确立。在欧洲和世界其他地方，情况并非如此。

对于我们在伦敦的人民而言，美国信托模式并不如我想象中的那样产生共鸣。很明显，我需要转变我的观点并适应欧洲信托模式。在法律上和文化上，两者之间有着较大差别。

例如，当我讨论大多数债券发行均有一名受托人作为交易的可接受部分这一事实时，我的伦敦同行用困惑的表情看着我。他们告诉我，他们的做法是财务代理人或发行和支付代理人扮演与大中期票据、商业票据计划（"计划"的英式拼写）和欧洲债券发行相关的主要管理角色。甚至其拼写都让我大吃一惊。他们告诉我大部分被动的信托角色在很大程度上是如何以代理人的身份存在，尤其是在违约事件中。在存在受托人时，市场会将其解读为即将发生问题的可能迹象。投资者和市场可能会询问，"为什么我们需要一名受托人？"和"是否预计会出现违约？"然而，在为债券发行任命受托人时，该受托人必须更加谨慎行事。无论是违约前还是违约后，注意标准均是作为合理/谨慎的受托人行事的标准。我的伦敦同事一点也不关心是否会达到更高的谨慎标准，但如果美国受托人的行事标准低于违约前的标准，则会感到惊讶。

因此，我学习到一个宝贵的教训：当涉及针对受托人的谨慎标准时，世界将会是一个非常不同的地方。

章节目标

信托业务远远超出了美国边境。因此，从全球的视角与范围来探索信托业务非常重要。哪里有债券，哪里就需要信托服务。然而，所提供的服务根据国家的不同采取多种形式。我将描述全球受托人/财务代理人在向全球发行人和债券持有人提供不同服务时所扮演的各种角色和执行的服务（尽管出于本章随后讨论的原因，我将把重点放在英国模式上作为一个方便的比较点）。请注意，在整个章节中，我将各种各样的国际债务证券统称为"全球债券"。

本章将重点关注：

Ⅰ. 全球债券中所利用的信托服务

Ⅱ. 美国和全球市场中的受托机构的角色

Ⅲ. 受托机构如何满足全球市场所需的不断变化的责任

10.1 全球债券中所利用的信托服务

尽管美国的许多受托人可能永远不会涉及全球债券，但这是信托业务的一个增长领域，且值得充分讨论。随着世界金融市场继续凭借更好的技术和通信更加一体化，无论身处何处，发行人更有可能希望利用全球市场中和通过全球市场提供的机会。在这种情况下，进入世界任何地方的资本市场均将具有显著优势。

由于利率较低，某些市场的资本成本较低是一个优势。另一个优势是可接触希望多样化其投资持有股的不同投资者群体。其结果是发行人的利息成本较低，同时也为投资者提供了更充足的债券市场流动性。

还有哪些更好的优势？多年来，多数公司已意识到利用国际债券市场的优势。如今，市政当局和其他政府部门也在寻求同样的优势。为什么不跟上趋势潮流？全球市场正在迅速扩张，欢迎各种发行人和债券来实现双重目标：（1）低成本且高效率地筹集资本，以帮助全球公司和政府扩张并提供服务；（2）为希望利用不同投资机会以分散其投资风险并提高其回报率的全球投资者提供更大的多样性。

因此，对于所有认为本章可能不相关的信托专业人员，请再多了解一下。

全球债券市场的历史回顾

现代形式的全球债券市场可以说起源于 20 世纪 90 年代初。该市场主要设在纽约而非伦敦，并且包括以英镑（而非美元）计价的中国铁路债券等此类债券发行。全球债券市场的真正开端可以说起源于 20 世纪 50 年代和 60 年代初。"欧洲债券市场"起源于第二次世界大战后，并且以美国和欧洲发行人在欧洲发行的以美元计价的债券为特征。由于巨大的美元贸易差额和战后美国经济为欧洲复苏提供资金的力量，美元成为国际债券市场的货币单位。

随着美国公司子公司和政府援助在世界各地激增，美元成为商业交易和债券的主要货币。第一批起源于 1963 年，由 S. B. Warburg & Co. Ltd. 为 Autostrade（Italian Motorway Authorities）在伦敦发起的英磅贷款。

20 世纪 60 年代和 70 年代，欧洲债券市场获得了进一步的动力，发行了以美元计价的所有类型的债务投资——除了项目金融债券发行外，还有被称为欧洲债券的长期债券、商业票据、中期票据、存款凭证和后续结构性金融债券。

欧洲债券发行的关键要素是体现在欧洲向非美国投资者发行的以美元计价的债券。由于持有人是非本地居民，SEC 和国税局等美国监管机构对非本地居民或发行债券没有权力（除了一些有限的例外情况外）。如今，"欧洲债券"一词涵盖了全球各地发行以任何币种计价的债券，包括欧元。

这是一个说明当今全球债券跨国性质的典型示例。发行人/担保人可能来自一个国家，例如中国。货币通常是主要的国际货币之一，例如美元。发行地点将取决于货币，但在货币是美元的情况下，发行地点很可能是伦敦。对机构投资者和散户投资者的分配将通过一系列银行和中央存管机构进行。这一复杂交易的每一部分均包括从事信托业务的银行即将承担的新角色。

由全球受托机构提供的当前服务

信托提供者为全球债券提供的一般服务分为七个不同的类别。

财务代理人：银行作为发行人的代理人，并且不具备受信人或自由裁量职责。无审慎人谨慎标准。财务代理人可接收报告、监控合规项目、处理支付和发送通知，但在偿债（违约）情况下受到严格限制。如果出现偿债情况，则债券持有人会直接与发行人谈判偿债条款和偿还。财务代理人仅待命，并且可按照双方的约定进行最终分配。换言之，财务代理人是一个美化的支付代理人。这是非美国信托业务所承担的最常见的角色。受托人的角色不太常见。事实上，有一种观点认为，除美国外（尤其是在欧洲）如果债券需要一位受托人，则可能会担心偿还债券持有人的债务责任。另一种说法是，只有潜在的问题、较低信用价值的债券发行才会在不辞辛苦和花费金钱的情况下任命受托人，而非财务代理人。如今，这种观点变得越来越不符合实际，尤其是对于通常任命受托人的结构性债券发行。

受托人：在任命受托人的情况下，受托人的行为从债券发行之初就受到英国法律规定的谨慎或合理人标准的管辖，而非仅仅是在违约后的情况下，就像美国的情况一样。

发行和支付代理人（IPA）：这是一个银行发行债券和作为支付代理人中非常常见的角色。将IPA角色用于所有计划债务发行，同时也常用于以下交易：

- 商业票据（CP）：期限为270天或更短时间的短期票据。
- 中期票据（MTN）：期限为1~12年的债券。
- 存款凭证（CD）：期限为30天至5年的银行债务。

这些短期和中期债务抵押证券需要记录保存、持续发行服务和对证券持有人的支付职责。

外汇代理人：外汇代理人促进一种债务发行与另一种债务发行的交易。这也可能涉及以债券交易股票，例如在一次合并甚至是一次偿债情况。

上市代理人：信托银行可作为一些交易所的中介机构，帮助发行人上市其证券。一个常见的示例是银行为发行人安排上市的卢森堡交易所上市。

经典全球票据（CNG）：这是一种代表债务并显示发行未偿金额的

实物票据。拥有 CNG 即为所有权的凭证。信托作为共同存管机构，其结合共同服务提供者（CSP）和共同保管人（CSK）角色的性能和责任。

新全球票据（NGN）：该票据不显示未偿发行金额。国际结算和证券托管机构（ICSD）Euroclear 和 Clearstream 的记录是该发行的主要记录保存机构。债务凭证是通过结合 ICSD 的记录和全球票据获得的。因此，实际拥有 NGN 并非所有权的凭证。信托作为 CSP，且在发行不具备潜在资格的情况下，信托也可作为 CSK。

为保管而扮演的其他角色有：

• 共同存管机构（CD）：信托作为 ICSD Clearstream 和 Euroclear 之间的共同中介机构，并且可代表存管机构索取资金。

• 专业存管机构（SD）：信托作为托管人，就 ICSD Clearstream 和 Euroclear 的两个立场实际持有证券。

• 共同服务提供者（CSP）：信托接收全球票据，并向发行人发放新的发行收益，此外还维护两个 ICSD 的持有记录，并与发行人的支付代理人核对发行未偿金额。CSP 还识别并通知投资者关于公司行动事件（例如赎回），并向支付代理人索取利息和本金。

• 共同保管人（CSK）：信托代表 ICSD 持有其保管库中的全球票据。如果一种证券以欧元发行，并且在发行时确定为具备作为欧洲中央银行体系货币操作抵押品使用的潜在资格，则其中一个 ICSD 将持有作为 CSK 的全球票据。

全球受托人处理的产品

以下是全球资本市场所提供的一些典型证券产品，以及信托专业人员能够提供的服务。

重新包装：银行为希望重组和重新发行其债务证券的发行人充当重新包装代理人的业务。

项目融资：用于为一个或多个国家的大型基础设施项目融资的大型

债券发行。示例包括发电厂、水处理设施、道路和水坝。银行作为支付项目建设费用的建设资金支付代理人，这也可能需要受托人的服务和保管。

计划债务：大型 CP、MTN 或 CD 计划，根据这些计划，证券以连续（可能每日）的方式发行。银行所扮演的角色是 IPA、主要 PA 和登记人。

契据：非常类似于美国的契据。银行通常在特定事件发生时作为需要记录保存、托管或分发服务的两方或多方之间的代理人。契据通常为短期性质（不到一年），本质上要求银行扮演有限的代理角色。

定期债券/欧洲债券：由公司和主权实体在全球市场发行的长期有担保和无担保债券。提供的服务通常包括财务代理人、支付代理人和登记人的服务，但也可包括受托人服务。

结构性融资：类似于美国的涉及资产支持债券的交易，这些资产因债券持有人的利益被分离到特殊目的机构（SPV）中。请记住，受托人谨慎标准要求从债券发行开始就作为谨慎/理性人行事，而不仅仅是在违约的情况下。

银团贷款：由参与银团或集团向提供公司贷款资金的银行组成的联合体。银行作为银团的代理人代表银行银团提供记录保存服务、监控服务和收款服务。

10.2　美国和全球市场中的受托机构的角色

通过比较以下两种结构可更好地理解美国受托机构和在美国以外全球资本市场工作的受托机构之间的总体差异：

- 受托人结构
- 财务代理人结构

受托人结构

指定受托人是为了保护债券持有人的利益，并代表债券持有人行事。美国模式与全球模式的不同之处在于，美国受托人仅遵循违约后审慎人谨慎标准。非美国受托人从债券发行开始到结算应始终遵循理性或审慎人标准。

除美国外，没有法律文书表明必须为发行债券指定受托人。相反，指定受托人的决定由主承销（在美国，将是主承销商）、发行人及其律师根据具体情况做出。在英国，2000 年修订的《1925 年受托人法》说明了受托人的角色，并设定了谨慎标准，但未授权指定受托人。相反，在美国，《1990 年信托契约改革法》（修订的《1939 年信托契约法》）要求为 1000 万美元或以上的所有公共、公司债券发行授权指定一名受托人。

就像美国债券发行一样，全球发行的债券持有人也不能直接控制受托人的初次指定。指定受托人的全球债券发行的正确法律术语是说，债券"由信托契据构成"。该术语反映了发行人与受托人之间产生法律义务的事实；发行人与受托人（而非个别债券持有人）具有直接契约关系。这类似于美国的做法，即根据信托契约发行债券并指定受托人。在全球债券市场，信托契据包含发行人向受托人支付债券本金和利息的直接义务，以及发行的所有其他协议和契约条款（与美国信托契约一样）。如果债券有担保，则信托契据也可授予财产或抵押品担保权益。

信托契据的效力在于发行人与受托人（而非个别债券持有人）具有直接契约关系，然而受托人也有代表债券持有人行事的职责。

然而，与美国契约相比，全球市场中的受托人根据信托契据授予受托人的权力存在差异。以下是这些差异的一些示例：

• 只有受托人有权根据信托契据加快债券发行。与美国模式不同，个别债券持有人不得引入违约或加快债券的发行。

• 受托人不对债券持有人承担在违约事件中加快债券发行的职责，但其有权这样做。没有明确限制受托人加快债券发行的权力。这与美国模式很接近。

• 禁止债券持有人在法庭上采取任何行动以强制执行其获得本金

和利息的权利；只有受托人拥有这样做的基本权利。如果受托人未能在合理时间内提起诉讼，则债券持有人可采取行动。

这种对债券持有人权利的更大限制不同于美国模式，并使全球受托人在偿债时拥有强制执行债券持有人权利的唯一权力，这与美国模式不同。

• 根据信托契据，只有当受托人书面证明此类事件"严重损害债券持有人的利益"时，若干违反信托契据的行为才构成违约事件。在此类证明之前，没有违约事件被认为已发生。全球受托人拥有最终和决定性权力，以便为债券持有人宣布违约事件。这与美国模式不同，在美国模式中，受托人不决定或确定违约事件，但必须通知已成为或可能成为违约事件的事件，在采取任何行动之前，受托人甚至可能需要高级管理人员的证明或顾问意见。

• 信托契据还详细说明了债券的一些"条款和条件"；这些条款和条件完全由受托人自行决定。例如，这些条款和条件可授权代表债券持有人修改或变更担保权益，受托人有权同意在无须转送给债券持有人的情况下采取此类行动。这与美国受托人角色不同，在受托人对契约条款进行任何实质性修改之前，需获得债券持有人的同意。

正如我所阐述的，英国/全球受托人角色赋予受托人比美国受托人角色更大的权力，以便受托人能够与发行人共同行事并发挥带头作用，而美国受托人通常遵循债券持有人的批准和指示。然而，这两种受托人角色均涉及相同的基本原则，即首先保护债券持有人，并在发生违约事件情况下最大限度地收回他们的资产。英国/全球受托人的不同之处在于，发行人仅与受托人而非债券持有人联系，债券持有人只能通过受托人发言。

发行人发现这种"一站式购物"——即允许他们与单一交易对手进行交易，在违约事件和可能的诉讼中会对他们有利。债券持有人无法自行行事，大多数行动须通过受托人。

财务代理人结构

受托人的角色和财务代理人的角色之间的主要差异在于受托人代表债券持有人,财务代理人代表发行人,而非债券持有人。信托契据赋予受托人法律权利,并赋予受托人代表债券持有人行事的广泛自由裁量权。财务代理人没有扮演此类角色。根据财务代理协议指定财务代理人,且不超过发行人的本金支付代理人。财务代理人不代表债券持有人行使任何自由裁量权,而是行使行政职能,且其无权代表债券持有人进行谈判。在财务代理结构下,每个债券持有人均拥有可对发行人强制执行的直接法律权利。例如,债券持有人可因未能支付利息或本金或其他违约事件而加快债券发行,并可直接起诉发行人以便追偿。此外,债券持有人自身必须监督发行人对任何信托契据协议的遵循情况。

财务代理人的行政职能示例包括以下几方面:

- 将全球债券更换为正式债券
- 担任本金支付代理人
- 发布需给予债券持有人的通知
- 其他各种职责,例如更换遗失或损毁债券,以及在赎回时以抽签方式选择债券

结算过程

在美国模式和欧洲模式下,检查发行美国和全球证券的结算过程差异非常重要。

美国模式:在美国,结算过程很简单。发行人可能在咨询负责安排债券发行并作为主承销商或配售代理人的财务顾问后联系投资银行家。债券顾问代表发行人并起草文件。承销商准备招股说明书或发行声明(OS)。评级机构对债券进行评级。这些债券可能是信用增强债券。债券通常通过 DTC 以簿记形式发行,并由受托人持有一张全球票据。除市政一般义务债券外,大多数债券发行均会指定受托人作为受托人、支

付代理人、登记人和转让代理人，并根据需要扮演其他代理角色。该过程由 SEC 监督，如果该发行是公共、公司发行，则其由 TIA 进行监管。

欧洲模式：在欧洲，结算过程比美国资本市场更复杂。当发行人在欧洲市场发行债券时，发行人首先联系主承销以安排债券发行。主承销通过授权书和书面条款清单进行任命，其中授权书和书面条款清单都列出了协议的主要条款。这一授权书与其说是一份具有契约约束力的文件，不如说是一项君子协定。对于大多数固定利率债券发行，发行是"预先定价的"，这意味着发行的所有条款在发出授权书时都是固定的，随后，该条件允许主承销在所有条款均固定的情况下向银团发行。另一种选择是"公开定价"，即在签署债券文件前的最后一分钟才设定条款。该授权书还可将证券发行指定为"买入交易"或"尽最大努力交易。"

在买入交易授权下，主承销承诺承销整个发行，而在尽最大努力交易授权下，主承销承诺尽最大努力寻找认购人。

主承销现在向潜在贷款人/经理（如主要投资者，通常是其他投资银行）发出邀请。随后，投资银行可接受该邀请，且加入银团销售债券。

启动后，且在签署正式法律文件之前，主承销准备起草形成债券销售（此类文件可包括招股说明书或发行声明）和债券管理（此类文件可包括信托契据或财务代理人协议）的所有法律文件。将这些草案文件发送给参与投资银行，以供审查。

接下来，由决定将债券分配给各参与投资银行的主承销发送分配消息。该消息在启动后一个工作日发送。

下一步是由主承销准备认购协议，该协议为正式确定银团出售其债券分配的契约。该安排/过程可与美国的承销方式形成对比，其中，美国的承销方式是经理们同意购买债券，然后再将其转售给投资者。在欧洲体系中，经理负责寻找债券购买者，并按比例从违约经理处弥补任何缺口。主承销商，而非发行人，随后可对违约经理采取法律行动。将债券发行放在一起的团队称为"足球队"。

现在可能已趋向于稳定。根据英国《金融服务法》，主承销可在开始发行时"稳定"或固定债券价格。

稳定意味着将价格人为地固定在不反映当前市场情况的水平。目的是使银团能够更容易地销售债券。稳定过程不会发生在美国，因为市场决定债券价格。

也可能会进行上市。与美国不同，在美国，债券通常不在交易所上市，而是在场外交易，在欧洲，通常在一个或多个交易所上市债券以提高适销性。主承销安排上市，通常在伦敦或卢森堡交易所上市。信托提供者也可被雇用为"上市代理人"以完成该任务。

结算将按照认购协议（所签署日期）的规定发生。结算时，将签署适当的法律意见书和管理文件，并将转移资金，以换取债券。认购协议规定结算日期，通常是在签署日期后的7天。

默认设置

务必要强调美国以内与美国以外的违约过程中的一个显著差异。在美国，具有一个规范的破产结构，其允许公司重组（第11章）、市政重组（第9章）和清算（第7章）。大多数美国破产均涉及重组过程，在此过程中，债务人在制定重组计划时受到一定时间的保护，暂时不受债权人的影响。在此过程中，受托人代表债券持有人扮演一个重要角色，保护债券持有人的利益并作为债权人委员会成员，该委员会与债务人谈判一个重组计划。

相反，例如在英国，有若干组不同的规则管理破产，其更常被称为"偿债"。因此，没有像在美国那样的真正重组期。受影响债权人直接与债务人谈判，以制定和实施一个解决方案。因此，在指定受托人的这些情况下，受托人的角色不同且更直接，并且不受根据美国法律规定的破产法院的干预。然而，在大多数情况下，仅有一个财务代理人，其角色比受托人的角色更被动。

10.3　受托机构如何满足全球市场所需的不断变化的责任

在美国和全球市场，受托机构的角色均在扩大。现在，为结构性金融发行指定受托人已成为全球标准做法。尽管受托人对 ABS 和 MBS 等类型的结构性金融发行的要求已经很高，但 CDO 市场的新型产品对受托人的要求甚至会更高。随着新的、更复杂的结构出现，承销商、评级机构、发行人、信用增强机构、债券持有人和监管人将对受托人提出更多要求。

证券市场的全球化使受托人在涉及不同法律、产品结构、货币和文化的更复杂的交易中发展专业知识变得更加重要。由于 2008 年全球经济危机，受托人将被要求在支付、货币兑换、记录保存、实物资产持有以及遵守日益增多的条例方面提供更多样化的服务。全球受托人还必须在伦敦、香港、新加坡等重要金融市场和其他日益增强中的市场中建立实际影响力。

受托人必须在这些地方具有讲当地语言并了解当地习俗和法律的人员。

受托人将跟随他们的海外客户，因为这些客户、发行人和债券持有人寻求最佳利率、最廉价的资金来源以及最多样化的融资和投资。欧洲 Euroclear 和 Clearstream 以及美国 DTCC 等存管机构以及其他存管机构均继续消除实物证书和将交易结算减少到 T + 1 的趋势。资本将在不同全球市场之间转移，要求受托人在报告、监控、支付和保管抵押品等职责方面提高服务水平。具有全球影响力的更积极受托人、更灵活系统，尤其是专家级员工将成为新世界资本市场中的赢家。

结论

除美国外，受托人的角色在谨慎标准方面有很大不同。根据英国法律，受托人自始至终都拥有作为"理性受托人"的自由裁量职责。根据美国法律，受托人是违约前的代理人和违约后的"审慎人"。然而，在这两种法律框架下，受托人的总体角色是履行信托文件中规定的职责。

章节摘要

- 美国以外的信托业务更常见角色是作为全球发行证券的一名财务代理人或发行和支付代理人。
- 受托人角色正被越来越多的人所接受，尤其是在担保和结构性金融债券发行方面。
- 受托人角色在违约前和违约后均是谨慎/理性人的自由裁量角色，这与美国受托人谨慎标准不同，美国受托人是违约前的代理人和违约后的审慎人。
- 欧洲有两个主要存管机构——Euroclear 和 Clearstream。
- 美国以外证券市场的全球增长将是在全球建立影响力的受托人的增长机会。
- 英国法律是管理海外信托契据和信托文件的最普遍的法律。

 ## 案例研究

你是一家英国公司欧洲子公司发行的 5000 万欧洲债券的财务代理人。发行人已拖欠其本金和利息。你将在现在展现的偿债（违约）情况中扮演什么角色？

你对债券持有人的责任是什么？

财务代理人的角色与受托人的角色有何不同？

回复

作为财务代理人，对于偿债情况，你承担的是被动角色。财务代理

人将仅根据债券持有人和违约发行人的指示行事。债券持有人通过直接与发行人谈判来达成一个解决方案，财务代理人仍处于幕后，且仅根据双方的指示分配资金。财务代理人无权代表债券持有人谈判或决定偿债解决方案。

如果你不是财务代理人，而是受托人，则你的角色和责任将完全不同。受托人将代表债券持有人扮演积极角色，其只能通过受托人与发行人谈判。

第11章

运　营

导言：伊利诺斯州芝加哥市—1972 年

　　这是我作为一名 22 岁的年轻信托管理员的第一天工作。我的老板仅向我介绍了运营团队，他们是支持我们信托业务的员工。有 200 多名运营人员出席。当我看着这些员工在巨大的办公室忙碌时，我老板说："Jeff，所有这些人都是为你工作。"

　　当我看着我的新帝国时，我的内心激烈起伏，感受到了一种力量感。这是我上班的第一天，所有这些人都是为我工作！当兴奋平静下来且面对现实时，我出现了不安的想法——我想知道他们是否知道他们都是为我工作！

　　感谢上帝，我看清现实，因为他们实际上并非为我工作。此外，随着我在工作中不断积累经验，我很快意识到，运营人员是我的同事，而非下属。我学会以最大的尊重对待他们，理解他们像我一样有自己的工作要做。运营人员处于极其受控的环境中，这种环境受到严格监管且以过程为导向。截止日期是他们日常生活的重要部分。如果我希望得到他们的支持，就必须努力争取，像对待自己的客户一样对待他们——这是一个宝贵的教训，这在我整个职业生涯中让我受益匪浅。

章节目标

对于任何试图了解信托业务和受托人角色的人员而言，了解运营在支持业务中扮演的角色至关重要。没有强大且有效的运营支持，任何信托业务均无法成功。我将在本章中讨论的主要主题是：

Ⅰ．运营重要性

Ⅱ．运营职能和责任

Ⅲ．运营与业务管理部的互动

我的目标是使读者不仅真正了解运营人员所做的事情，还能了解他们所承受的压力，以及如何与业务管理部建立更好的工作关系。业务的成功取决于运营。

11.1 运营重要性

运营在信托业务中扮演着重要辅助角色。因此，与业务管理部相比，运营部通常被称为"后勤办公室"，而业务管理部则被称为"前台办公室"，事实证明，在客户契约和业务的创收方面，金钱、头衔和报酬通常将转到前台办公室。我甚至承认前台办公室更光鲜亮丽，而后勤办公室则在幕后。

尽管上述情况是现实，但我需要强调，对于银行而言，运营资源不足是一个巨大错误。简而言之，没有良好的运营支持，将不会有前台办公室或客户为银行创造收入。

运营的重要性体现在，即运营部执行的所有基本处理和记录保存职能均应尽可能准确地完成。每次都必须按时付款。记录保存准确。每天对每一分现金和证券处理进行对账。满足和遵循监管要求。严格遵守程序。需要熟练地执行支持职能。

我看到了缺乏运营支持的影响，将导致业务损失、市场声誉受损以及银行亏损。因此，我们需确保运营人员拥有必要的资源、系统和注意力，以便他们能够成功完成其工作。

11.2 运营职能和责任

运营具有以下不同于业务管理部的特征：

- 过程驱动
- 严格控制的环境
- 严格按照 SEC 对转让代理人的具体要求进行监管
- 所有过程的详细程序
- 流水线结构
- 职责划分
- 每日对账和结算

图 11 –1 说明了运营部与业务管理部之间的区别：

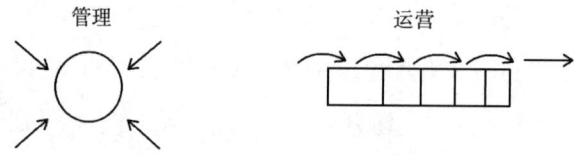

管理　　　　　　　运营

图 11 –1　运营部与业务管理部的区别

业务管理部具有更加非结构化的环境，客户需求、契约责任和外部事件每天均会产生影响。运营部的过程和控制更加结构化。只需观察这两种不同模式，你会发现它们之间存在显著差异，可能导致冲突。然而，业务管理部和运营部的目标均是为银行客户提供优质服务，客户不会区分这两个部门，而是期望从整个银行获得优质服务。

其他业务职能：

- 费用账单
- 债务服务账单
- 赎回处理：可以包括许多任务，例如，选择待赎回的债券，准备给债券持有人的通知，以及按照信托文件的要求邮寄通知或发布该通知。
- 专门报告
- 保存保管库中的债券库存
- 记录新债券发行的原始发行说明的设置
- 处理招标或交易

与 DTC 互动

接下来，我将简要描述与美国存管信托公司（DTC）的运营互动，美国存管信托公司是美国存管信托结算公司（DTCC）的子公司。由于绝大多数的证券问题都是记录在世界上最大的存管机构 DTC 的账簿记录中，因此运营部与它们有着密切的联系。以下是一些基础知识。

结算：大多数运营单位是 DTC 的"FAST 代理人"，这意味着他们在 DTC 有一个用于证券交易的账户。作为债券发行的 FAST 代理人，运营部将与 DTC 互动以促进债券结算，这将涉及一个被建立以证明债券发行的全球票据。

全球票据保存在运营部的保管库中。结算时，运营部将对 DTC 执行 FRAC 指令，如下所述：

快速拒绝和确认表（FRAC）：这是受托人作为 FAST 代理人采取的行动，以确认在结算时持有待发行证券的承销商立场。在业内，这被称为压裂承销商立场。这将验证承销商在 DTC 账户中的债券。承销商现在获得授权将债券从其账户转移到其他承销商/银行，并最终转至作为债券购买者的债券持有人的受益所有者。

将运营部可执行的第二项行动称为 DWAC，其描述如下：

从托管人处提取存款（DWAC）：执行时，DWAC 将证券立场从托管人的账户转移到另一个账户，就像持有人出售其债券时一样，将债券立场从一名经纪人/托管人转移到另一名经纪人/托管人。

支付：为了在当天支付，DTC 必须在美国东部标准时间下午 3：00 之前收到资金。未能遵守最后期限将会带来严重后果。DTC 不再为拖欠付款分配资金。因此，DTC 将在其电子通知系统（LENS）上张贴一则通知，解释"无资金可用于××发行"。显然，这是一个严重的事态发展，可被市场解释为违约。

债券持有人清单：可向 DTC 索取参与者清单，该清单列出了债券发行的第一级参与者持有人。该清单不会披露债券的受益所有者，因此价值有限。

追回税款：根据支付代理人的请求，可要求 DTC 在付款后 24 小时内退还资金。这种方法很少使用，但如果出现支付错误，其确实可作为支付代理人的替代方法。

转换函：此表格须在一名受托人/支付代理人因债券发行而变更或转换为新的受托人/支付代理人的立场变动前 10 天寄给 DTC。这在设立继任受托人的情况下很常见。SEC 规则第 17Ad – 16 条规定，对于所有新发行的股票，在 DTC 中建立受托人/支付代理人职位时，如今也需要转换函。关于新发行债券的受托人必须发出转换函的规定存在着争议，该争议引起了这样一个问题，即，由于已就新发行债券向 DTC 发出了足够的通知，此类信函是否多余和无必要。然而，目前 SEC 对受托人的立场是，就所有新发行提供这类转换函。

关键运营职能

考虑到两种不同环境以及业务管理部和运营部的性质，我现在将识别关键运营职能。

支付：收到资金并支付偿债（即本金和利息）或其他要求的分配。其他支出可包括以下：赎回、偿债基金支付、到期款、预付款、看跌期权和票据交换。付款是通过支票、电汇或 ACH 进行的，并受到严格控制。

时间至关重要，因为只有在收到"良好资金"（即募集资金）之后，才能在适当的付款日期支付资金。

记录保存：运营部保存转账、支付、持有人地址和税务信息的账簿和记录的职能。关键的记录保存职能包括核对债券的授权金额与发行金额。授权金额是可发行的金额。发行金额是未偿金额。这非常简单，但是如果发行的债券不知何故地超出了授权的数量，则会出现毁灭性的问题。这一情况发生在 20 世纪 90 年代中期，大通曼哈顿银行的企业信托业务就是一例。结果非常让各方担心。《华尔街日报》的一篇头版文章刊登了一幅漫画，漫画中有戴着一顶帽子的人在算 1 + 1 = 3。不用说，声誉风险是巨大的，更不用说高达 70 亿美元的潜在失衡情况，这必须付出很大的代价来进行调节。

转让：由于今天市场上纸质债券证书的减少，这方面的运营代表着运营处理中越来越小的角色。由于大多数证券均用 DTC 以簿记形式产生，因此需要运营处理的实物证书转让减少了许多。当一个债券持有人将其债券出售给另一个人时，则会发生转让。关于实物转让，需要指出几点，包括：

SEC 关于证券转让的法规要求，90% 的转让项目必须在 72 小时内周转，以完成常规转让。我们将常规转让定义为非法项目。这就意味着任何需要法律文件的转让均可被视为非常规转让，并且无 SEC 要求的周转时间限制。

非常规转让的一个示例是一方死亡，这要求在转让时提供死亡证明。另一个示例是，如果证书以信托或公司的名义注册，则需要某些法律文件，例如受托人证书或公司决议才能进行转让。运营部的工作是在执行转让之前了解影响不同类型转让的各种法律要求。任何不足额均须退回各方。各种类型的转让包括：

- 拥有生者享有权的联权共有人
- 全权共有人
- 分权共有人
- 行号代名
- 未成年人
- 信托
- 企业所有者

SEC 转让代理人规则的总结见附录 E。

大奖章计划（STAMP）：该计划包括由证券转让协会建立的担保债权保险类别，目的是消除用签名卡来验证转让方签名的这一需要。只要证券或债券授权书上出现一枚大奖章印章，则转让代理人就可将其视为真实的适当签名，而无需进一步负责验证签名。如果证明签名是欺诈的，则在大奖章计划下，保险将承担转让代理人的任何责任。

CUSIP 号：识别安全发行的 9 位数字标识号。ISIN 是国际证券的 12 位数字认证编号。

止付：转让代理人必须对报告丢失或被盗的债券进行止付。根据 SEC 规则第 17 条第 17 款这是必需的，该条款要求转让代理人必须在收到丢失或被盗证券的通知后 24 小时内向证券信息中心（SIC ®）报告证书丢失或被盗。使用特殊表格进行报告。我记得这一要求的方式是说，如果我丢失我的债券，我会感到恶心，就好像我得了 24 小时流感一样。

认证：如果存在实物债券或全球债券表，则其必须由受托人签署，才能被视为可转让。

背书：当债券持有人希望以实物形式出售其证券时，随后债券持有人必须签署债券或债券授权书才能使转让生效。签名必须与债券上的登记签名完全一致。

充公：这是一个正式术语，是指仍未由其所有者收回的无人申索资金、未兑现支票或未兑现资金。在超过某个州的要求规定的时间后，资金/证券无人认领（即支付给该州）。在美国最高法院的支持下，以下规则标准：债券/证券将充公至所有者记录最后一个已知地址所在的州。

因此，如果债券持有人最后一个已知地址是得克萨斯州，则得克萨斯州有认领权。如果没有最后一个已知的记录地址，则由债券发行人的合法公司所在州认领资金/证券。在所有的业务职责中，充公是最重要的一项职责，因为各州非常积极主动去认领无人申索的资金，因此，就此类资金提起了大量诉讼。我给出的建议是"如果有疑问，先把账算清"。你不应该拥有符合充公条件的资金，在任何情况下你都不应该将其计入你的收入。这将是一场有担保的诉讼，就像1995年对美国银行提起的诉讼一样。我看到了那场诉讼带来的灾难性后果，正是这些后果促使美国银行决定出售企业信托业务。说得幽默一点，我想评论一下，美国银行案涉及一名前美国银行运营员工，他"披露"了银行将资金转为收入的行为。根据州检举人法规，他受到保护，免于诉讼，并获得一定比例的赔偿金，金额达数百万美元。这个故事的寓意是以注意和尊重的态度对待所有的运营人员。

税务报告：运营部负责向债券持有人和IRS报告税务信息。税务报告表的简要说明为：

- 1099 INT：应税债券和非应税债券的利息。报告免税债券的原因是债券持有人符合替代性最低税率的前景。

- 1099 DIV：股息报告。

- 1090 B：本金报告。还包括向持有人报告成本基础的要求。

- 1099 OID：原始发行折扣。本表格用于报告大折价或零息债券的应计利息，即使到期支付利息时未支付任何资金。

- 28%备用预扣税款：如果债券持有人未能提供经认证的纳税人识别号（TIN）或社会保险号（SSN），则IRS要求支付代理人的任何付款须预扣28%。只有在运营部收到一份"B"通知（文件中无TIN）和一份"C"通知（指示运营部预扣）后，才会发生预扣。两次通知均来自 IRS。在两次通知之间，要求运营部尝试联系债券持有人以获得 TIN。每年 1 月 31 日前向 IRS 和向债券持有人发送税务报告。IRS 可批准延期，但必须有充分的理由。如果未能满足 1 月 31 日的最后期限，则将面临巨额罚款。

SEC 报告要求：在 SEC 注册的转让代理人需要向 SEC 提交以下报告：

- TA – 1：新的转让代理人和转让代理人立场中的任何变化。本表格只需由转让代理人提交一次，而非每次新发行时提交。
- TA – 2：年度报告，详细说明 SEC 要求的关于对账、未偿款项等许多项目。
- T – 1：受托人就每次新的 TIA 发行向 SEC 发送的所需注册表，证明受托人有资格行事。
- T – 2：提交给共同受托人的注册表。
- T – 6：外国受托人注册。

11.3 运营与业务管理部的互动

运营部和业务管理部之间保持健康关系的关键是相互尊重对方的立场。在此，我将再次描述两个不同的世界：

业务管理部：以客户为中心，多任务，承受法律和市场压力。业务的前端部分。收益产生部门（即利润中心）。

运营部：以支持为中心、以过程为导向，处于严格控制的环境，遵守特定的程序并接受 SEC 的监督。业务费用（即成本中心）。

这就是问题所在。注意力、资源和魅力均转到业务管理部身上。不断提高效率和削减成本的压力落在了运营部的肩上。在许多情况下，由于两个部门不向同一名经理报告，因此业务管理部和运营部的固有冲突更加严重。运营部向与业务管理部完全不同的管理结构报告是司空见惯的事。当这种情况发生时，两者结合并作为一个整体发挥作用就更加困难了。

改善运营部/业务管理部关系的一些建议包括以下：

- 促进沟通定期召开频繁会议，以便讨论问题并达成共识。

- 保存书面记录，跟踪持续的问题直至解决。

- 对运营部和业务管理部进行教育，使他们了解各自的运营方式、工作重点、责任，以及最重要的是他们成功完成其工作所需要的东西。

- 立即在无过失协作环境中讨论和解决问题，将注意力集中在问题上，而不是人身上。

- 避免"异常处理"问题，在这种情况下，运营部会对新的需求感到惊讶。尽早沟通任何新要求。承诺前征求反馈。

- 通过让运营人员与管理员坐在一起进行交叉培训，反之亦然。通过让运营人员参加特定的客户通话，并参加结算，以便更自由地了解流程。

- 共同庆祝成功。

- 在事情进展顺利时，互相表扬，而不是总是指责哪些不能这样做。

- 使运营部和业务管理部尽可能向同一位负责人报告。

- 尽早了解运营所需信息，然后确保提供信息。如果无法尽快提供所需信息，请解释原因。

最终，运营部和业务管理部之间的有效工作关系是无法代替的。业务的成功取决于运营。

结论

运营部是受托人业务的重要组成部分，且对于向债券融资各方成功提供服务而言至关重要。必须为运营部分配适当的人员和系统资源，以便业务履行所需的融资责任。

章节摘要

• 运营人员为业务提供处理支持，并需要适当的资源有效地完成其工作。

• 作为前台部的业务管理部必须始终考虑运营部对及时、准确信息的需求。

• 重要的运营职能包括支付、记录保存、转让代理人职责、税务表格编制和对账职责。

• 运营部和业务管理部之间有效关系的关键在于在不追究责任的环境中进行开放、诚实的沟通。

 案例研究

你刚刚接收一项新业务。其涉及债券发行，可用现金或黄金支付给债券持有人。运营部必须参与，但你不确定如何与他们接洽。

你应采取什么行动？

回复

你召集运营部开会。在会议中，你询问而不是征求他们对学习如何用黄金支付的建议。先前没有这样做过，因此你与运营部接洽说这是一个新流程，且你需要他们的帮助来弄清楚如何执行。

你激发了开展新工作的热情，并利用他们的专业知识达成解决方案。这一方法奏效。你和运营部一起创建了一个流程，从而提供收据。债券持有人可在黄金窗口赎回收据。

实际上，我在几年前在名为 Refinement Gold Bonds 的发行中做了我刚刚描述的事情。没有运营部的帮助，我永远无法成功，这次经历帮助我看清了将他们视为平等合作伙伴的真正价值。你也可以。

第12章

客户关系管理

导言：马萨诸塞州波士顿市—1990 年

我向一个从未见过的新客户打了个陌生推销电话。我正试图成为契据关系的指定受托人，以为一家为共同资金提供会计、保管和运营服务的公司存放资金。这将是我们银行的一个重要收入来源。其他几个竞争对手正在竞标这项业务，因此我的演示必须准确无误。

我是最后一个到场的人。我对我们的能力做了充分的准备和详细的描述，强调我们可以做什么来满足客户的需求，并沟通我们的关系管理理念。在我的演示结束时且在探索客户最终想要什么之后，我说了这些决定性的话："我们想要你的业务。"

当我当场获得业务时，我感到十分惊喜。在我的新客户告诉我原因时，我更加惊讶。他们确实相信我能满足他们的需求。决定性的因素在于我真正地表达了非常需要这项业务。显然，我的竞争对手中没有一个真正表达这个意愿，更不用说我的诚意了。

这种关系为我们创造了一个非常有利可图的账户，多年来产生了强劲的 6 位数收入流。

因此，应始终要像你说的那样去追求这项业务。你可能会对该结果感到惊喜。

章节目标

我之所以把这一章放在关系管理上，是因为我坚信它对任何信托业务的成功而言都至关重要，而且可能隐藏着某些秘密。在本章中，我将讨论：

Ⅰ. 建立稳固的客户关系的重要性

Ⅱ. 通过优化拜访计划建立稳固的客户关系

Ⅲ. 关系管理的注意事项

12.1　建立稳固的客户关系的重要性

我认为，任何信托业务成功的潜在关键在于建立和维护与客户的牢固、持续的专业关系。从一开始就拥有稳固的关系会使其更易于满足客户的需求，也让他们更难离开。目标在于保持他们的业务和获得新的业务。增加交叉销售机会同样是增加银行对客户服务的目标之一。由于信托可提供长期的客户服务，受托人在建立富有成效的、持续关系上处于有利立场，从而培养客户忠诚度。

建立稳固的客户关系的最佳方式是与客户面对面地交谈，最好是在他们的营业地。若想做到这一点，信托业务必须将客户拜访确立为一项高度优先事项。应激励一线管理员拜访他们的客户，并且应该为他们提供这项拜访的时间、培训和预算。

以下是确立客户拜访计划的一些常见障碍：

- 没有预算资金

- 由于管理员太忙，因此时间不够

- 缺乏关于如何成功致电客户的培训

然而，我个人遇到的最大障碍是业务管理员对"销售"一词的恐惧。实际上，业务管理员主要是被雇来承担以下一些职责：管理账户、转移资金、执行投资、管理备忘录职责和阅读文件。最有可能的是，他们并非因为其"销售能力"而被雇用。

事实上，每个人都只是通过与客户互动和做好其工作来真正进行销售。若想成为一名有效率的客户经理，你只需要做自己，像在任何面对面会议中一样与人交谈。客户是和你一样有业务需求和压力的人。你的工作是通过有效地管理他们的账户并意识到他们需要了解其账户来帮助他们简化工作。因此，不要害怕"销售"一词，因为你正在建立关系，这样做可以增强你获得更多业务的能力。

同样，关系管理的目标如下：

- 维护现有业务以增加收入。

- 获取更多的利润。

- 争取合理定价。

- 培养你的人员建立客户关系和忠诚度的技能。

- 通过了解客户需求发现新产品/服务机会。

建立客户关系的工作不应仅仅是销售队伍的工作。负责客户账户日常活动的管理人员也应该承担这项任务。这些人是建立持续关系最有效的人，因为他们最了解账户，也是客户最想见到和联系的人。

从何开始？建立一种把客户放在首位的业务文化。需要与客户不断且持续地沟通，以便保持联系并了解他们的需求。如需提高效率，对与客户建立稳固的关系而言至关重要，因此他们才会相信你将其最大利益放在心上。你需要确定客户想要和需要的东西。你需要建立信任，这尤其重要。其需要数年来建立，而毁灭只需几分钟。

12.2　通过结构化拜访计划建立稳固的客户关系

建立稳固的客户关系的最佳方式是确立客户拜访计划。拜访计划的制定标准应该考虑在收入、新业务前景和市场占有率方面确定你最重要的客户。这些是你想先安排的客户。如果有时间和机会，就可看到二级客户。目标是利用你的时间，关注顶级客户，因为他们对你的业务影响最大。

一旦确定了客户，就应该确立一个按季度安排的拜访时间表。理想的拜访应该在其工作地点拜访客户。你应该首先拜访你的主要联系人。

同样需要拜访高层经理、首席财务官和财务主管，因为他们将成为决策者。但主要影响将开始于日常与你互动的员工。

客户拜访的基础

第一，准备工作。通过了解你的客户来做功课。审查他们最新的财务报告。用谷歌搜索他们的网站。从银行的角度了解你目前与他们所做的业务（如贷款、现金管理或其他信托服务）。最后，审查你的受托人账户，了解你为他们做的事情。

第二，制备一份书面议程，以便提交给他们。议程应包含以下主题：

- 其账户状态
- 你能提供的任何新服务
- 需要你解决的任何顾虑或问题
- 关于你所在银行的最新消息
- 任何有关市场、一般利率或对方可能感兴趣的信息

携带你公司的任何参考资料总是合适的。然而，除非你实际上正在提交材料，否则应该在你拜访后，将其作为供客户审查的赠品。除非你想让他们现在就阅读，否则请将材料交给他们。你的目标是让他们参与

到对话中，从而发现他们的需求。

第三，确保你具有准确地址和入场信息，以到达他们的办公室。务必要有联系电话号码，以防延误。务必提前几分钟到达，整理好你的思绪。

如果可能，我更喜欢乘坐出租车而不是租车，避免自己开车、停车等额外时间和压力。

第四，职业着装。携带一个便笺本以便做笔记。写下任何重点、新业务线索、顾虑和后续项目始终是很好的做法。这向客户展示了你将会持续跟进。比如就像你自己总是怀疑餐馆服务员没有记下我的订单。这同样适用于客户拜访。

第五，做好准备，放松且自信。记住，你正在和另一个人建立关系，相信你可以做到。将其当作一次愉快的经历，这样你就可以了解关于你的客户和业务的事情，这应该是个有趣的过程。

第六，实际的面对面会议应以这种方式进行：

1. 问候：微笑和坚定有力的握手，交换名片，对办公室或周围环境进行评论。例如，如果你看到一个高尔夫奖杯，毫不犹豫地询问关于高尔夫的事情。个人认可将建立共同的关系，这是你的目标。

2. 拜访主体：感谢他们抽出时间，介绍一同拜访的其他方，提交议程。请勿着急，但注意他们的时间非常重要。开始谈业务，探索并提出开放式问题。多听少说，试着培养对客户的同理心，从他们的角度来看待他们。

3. 拜访结算：总结你写下的任何跟进项目。为客户需要跟进时设定任何截止日期。观察肢体语言和评论，以免逗留过久。感谢他们抽出时间。

4. 结算后：在简短的拜访报告中总结拜访情况，并向与客户打交道的任何其他银行产品部门通告。拜访报告同样应与业务管理部和销售人员共享。

应最终解决并完成跟进项目。如果无法实现承诺的截止时间，则应拜访通知客户并设定一个新的截止时间。

客户拜访中的常见恐惧

拜访客户的人都有几个共同的顾虑。这些顾虑可能包括下列内容。

令人惊讶的问题：你没有预料到或准备好的事情。解决方案：请勿惊慌。尽你所能回答。当不知道答案时，请勿假装知道答案。可以说，"我不知道，但我会晚点回复你"。

处于愤怒情绪的客户：可能会出现客户愤怒或情绪激动的情况。解决方案：首先尝试通过提问来了解他们不满的根源。保持冷静和不情绪化。请勿提高音量或争论。你最终可能求同存异，但必须表现出一种冷静的态度，同时同情地倾听客户的处境。通常，愤怒情绪会平息下来，且你可达成妥协。

问题情境：处理问题可能很困难，尤其是如果是你的错误。解决方案：对错误或问题负责并道歉。接下来，探索引起问题的事实。然后，提出一个解决方案或承诺研究该问题，以获得成功解决方案。如果你承认问题，并迅速采取行动以取得令人满意的结果，你就可以把这个客户问题转变成一个信任建立事件。

关键问题

在我的信托拜访中，我会使用以下问题来确定从客户处获得的机会：

1. 你预计未来 1~3 年内有哪些融资需求？
2. 你预计何时进入债券市场？
3. 我能给你带来什么信息或帮助？
4. 我能为你做些什么？

这些开放式问题将有助于你满足客户的需求，并发展更稳固的关系。

12.3 客户关系管理的注意事项

对于希望在客户拜访上成为成功关系建立者的人，我提供几个建议项目。

- 请务必微笑。
- 请务必提问。
- 请务必多听少说。
- 请务必观察办公室和周围环境，并留意个人物品，以建立共同的兴趣话题。
- 请务必健谈和放松。
- 请务必做笔记。
- 请务必支付午餐费用（如果客户允许你支付）。
- 请务必跟进以满足客户期望。
- 请务必发送一封感谢信或电子邮件。
- 请务必将客户放在首位。
- 请务必创建一份书面拜访报告。

禁忌

- 请勿多说少听。
- 请勿争论或提高你的音量。
- 请勿诋毁竞争对手。
- 请勿迟到或逗留过久。
- 请勿忘记在拜访前后，将拜访告知其他银行部门、销售和业务管理部。
- 请勿表现得傲慢或居高临下。
- 请勿忘记跟进任何客户要求。

其他客户联系情况

当无法在其办公室拜访客户时，有几种替代方法可以发展关系。

电话拜访：除了在客户办公室进行面对面的拜访外，我更喜欢通过电话进行私下沟通，因为你能够以一种更加私人、互动的方式传达信息并探索客户需求。请务必保持你的语调平稳。保持积极、愉快但专业。此外，请注意所花费的时间，以免通话过久。

电子邮件：在科技发达的当今世界，电子邮件无疑已成为一种常见的通讯工具。但相比于面对面会议或电话拜访，他们对于发展更多人际关系的效率更低。然而，它们是一种通信来源。由于电子邮件可能被误解，因此请小心使用。电子邮件还创建出可在诉讼中以供发现的书面通信。与此同时，在业务中，有时持有一份可发回的书面记录会很有帮助。

客户活动和会议：这是发展关系的一种好方法，将其作为在同一环境中会见多位客户的方式。请记住，即使在体育活动或音乐会上谈论业务问题也是可以接受的。请记住，你代表银行且必须始终保持职业操守，即使客户并非如此。在这些活动中，保持坦率、健谈和见识渊博。

最终结果

我坚信，信托业务成功的关键是发展稳固的客户关系。若想做到这一点，需要一线业务管理员和人员努力了解其客户并满足其需求。面对面拜访是实现这一目标、培养客户忠诚度以及为银行带来更多业务的最佳方式。

结论

关系管理对受托人争取发展稳固的客户关系而言至关重要。实现这一点的最佳方式是与客户进行面对面会议，以了解其为人。在回应客户需求和保持你现有的业务方面，你所建立的关系将非常重要。

章节摘要

- 关系管理是每位员工的责任，也是实现客户忠诚度和获得新业务的最有效方式。
- 面对面的客户拜访是发展稳固的个人客户关系的最有效方式。
- 客户拜访的关键要素是：（1）准备；（2）问候；（3）拜访主体；（4）结论；以及（5）跟进。
- 在进行成功拜访时，需要考虑客户拜访中的一些注意事项。

 案例研究

你正在与你最重要的客户之一进行客户拜访。客户向你提问一个你不知道答案的问题。问题是，"你们的银行是否能为我提供外汇交易和货币兑换？"

你应该如何回应？

回复

你不清楚银行能否提供外汇服务。则你必须做的第一件事就是回答，"我不清楚，但我会为你查询答案，稍后答复你"。当你不清楚关于外汇交易的信息时，请勿尝试假装你有所了解。尝试多问几个问题，以获得有关客户需求的更多信息。询问客户何时需要回复。

当返回银行时，找到可能提供外汇交易服务的业务单位，然后安排与外汇交易代表和你的客户进行电话拜访。你应该在拜访中介绍各方并参与其中，以便你能直接了解该拜访是否成功满足客户的需求。你也将学到一些知识。

如果银行无法提供服务，请立即向你的客户报告并向其道歉，但可尝试建议其他来源。请记住，你正在尝试帮助你的客户满足其需求。

第 13 章

信托业务管理

导言：印度班加罗尔市—2007 年

我正在印度班加罗尔为德意志银行人员提供培训，这些人员将为信托欧洲业务提供我们银行的运营业务支持。其还将为我们制定美国费用账单，并为 MBS 业务提供我们的建模和分析支持。这是我第九次班加罗尔之旅。此处的人员大量离职；这就需要我频繁来此培训新雇用人员。由于班加罗尔的薪资结构大幅降低，故出于节省人员配备开支的金额考虑，最初的业务管理部决策是将我们的运营业务从伦敦外包至班加罗尔。这也是一种新兴做法，因为许多业务也正转向外包。我直接参与了外包计划，但我可以说这并未达到预期的效果。尽管我们最初节省了成本，但由于错误问题、沟通问题、时区问题和处理问题，该差异很快消失了。文化差异也是一个因素。然而，真正的问题是离职。

外包我们运营业务的这一特殊管理决策对我们的信托业务产生了重大影响。通过仔细分析外包决策的优缺点，可避免许多困难。对我们服务质量的影响也使得我们损失了部分业务。

在亲眼目睹直接外包造成的影响后，我得出结论，必须格外谨慎地作出管理决策，并充分了解业务影响。在今天的市场中，根本你没有犯错的空间。

章节目标

信托业务的业务管理部面临着独特的挑战。这些挑战源于业务的本质，具体包含以下几项：

- 不断发展的证券结构
- 加强监管和合规监督
- 内部和外部各方对业务缺乏了解
- 增加诉讼风险
- 持续的竞争性定价压力
- 创收困难

然而，对于业务面临的挑战，也存在解决方案。本章将为以下方面提供建议：

Ⅰ. 成功管理信托业务

Ⅱ. 应对管理挑战并制定一项行动计划

13.1 成功管理信托业务

为了成功管理信托业务，需关注几个关键问题。如下强调这些问题。

业务基础知识

任何经理均须熟悉其业务的实际（而非理论）运作方式。以下是内在化的基础概念：

- 必须了解受托人的独特关系。受托人为发行人服务，但最终对债券持有人负责。

- 受托人的角色从违约前至违约后发生了巨大的变化。受托人的角色从一个拥有较低或无自由裁量权的代理人角色，转变为一个需要更大自由裁量权和主动行为的审慎人谨慎标准之一。这并非其他信托业务中的受信人标准。为了更清楚地解释这一点，受托人的责任从接受发行人的指示并遵循契约中所述的履行职责，转变为在违约事件中主动追讨债券持有人的赔偿。这种真正独特的转变不同于任何其他银行服务。

- 受托人角色是长期服务中的一种，其在债券发行期内可能持续10年、20年或30年。

- 受托人费用代表银行长期的年金收入。

- 与债券发行规模相比，受托人费用显得微不足道，这是由定价竞争和发行人对受托人违约前被动角色的观点造成的。然而，资金余额信用和投资费用均可提高这些费用。

- 传统上，无需为业务留置银行资本。然而，根据《巴塞尔银行协议Ⅲ》实施LCR（流动性覆盖率）将对目前可能需要银行资本的信托业务产生影响。此外，还可能要求根据第9条和州要求将现金余额作抵押。这两项要求均具有相关成本。

- 由于DTC在减少对债券持有人的实物转账和偿债付款方面产生的影响，因此该业务无需大量的人员配备资源，特别是在运营方面。

- 由于业务性质是长期关系（契据除外，这可能是个例外），发行人可与其受托人建立密切关系。这为交叉销售其他银行服务提供了机会。信托可成为进入这些客户的入口。

- 业务是"固定的"。即，我的意思是它不易转移。这是由于转移业务的法律要求和成本的限制。

- 证券市场正常运行所需的受托人服务。发行人希望受托人提供所需的服务，仅举几例，例如处理偿债付款、及时转账、投资、处理赎回、发送纳税申报表格以及与 DTC 互动等。债券持有人希望受托人作为专业第三方，以便在违约事件中追讨其赔偿，以及监督发行人的特定协议。除受托人外，并无其他方提供所有此类服务。

- 高质量服务假设就是对业务的期望。标准是正确执行所有的支付、转账和处理职责。对受托人的期望是不容有失的，这意味着需向客户提供高质量服务，从而使银行的客户满意。

- 信托可成为银行的资产收集者，这意味着客户可投资银行货币市场和投资工具。

13.2 应对管理挑战并制定一项行动计划

如今理解基础知识后，我将列出我认为经理面临的主要挑战以及如何应对这些挑战的建议。这些包括：

- 监管和合规压力：监管和合规环境的趋严对业务的需求不断提高，这需要大量的时间和资源投入。这种压力会通过影响人员对客户服务和创收的进取心，进而影响业务，更不用提我最担心的事情：由此导致的对业务思维细节的疏忽（例如，审查文件、解决融资中出现的解释问题以及解决客户请求），这些是正确管理风险的关键。

为了应对这些挑战，经理必须首先拥有一项专门的风险管理资源（至少一项，也许更多）来承担这一责任。其次，如果合规要求弊大于利或根本未增加管制，则经理必须在完成要求的每件事和拒绝（需要时）之间权衡利弊。即，我的意思是经理必须确保时间、资源和遵从能力的成本不会超过收益。经理还应获得合规部和高级管理层的支持，以在需要达成妥协的情况下制定一个业务案例。

- 业务倡导者：信托经理必须是业务的积极倡导者。这意味着利用一切机会向高级管理层和银行的其他部门做介绍。教育每个愿意倾听和推动业务的人是获得支持的关键步骤。经理还必须利用一切机会，认可银行的其他转送业务领域。我会参加为我们带来业务的商业贷款人和公共财政人员的工作人员会议，然后正式重点强调银行所取得的胜利。我还向帮助我们赢得业务的员工经理们发送贺信。这一方法奏效。

- 销售：我发现创造收入的最佳方式在于为信托建立一支专门的销售队伍。如果你想发展你的业务，则你必须雇用全职新业务销售员。共享销售资源是无效的，因为需要充分了解业务，且不失去所需的重点。难以在信托中吸引新客户，因为其业务是"粘性的"，也就是说其不容易转变。出于该原因，我大力鼓励管理员与他们的客户参与积极的关系管理通话。

这是建立客户忠诚度的有效方法。其还能维持你的核心业务，因为80%以上的信托收入来自回头客。为了留住他们，你必须注意他们的需求。进行日常联系的管理员是实现该目标的最佳资源。

- 新产品开发：这对于开发新产品和寻找新的收入来源而言至关重要。识别新产品的资源对任何信托业务而言都是一个意外收获，无论该人员是兼职还是全职。该人员可花时间研究和推广新产品机会。还应制定新产品标准，以便为流程增加效率。结构分析应包括收入潜力、风险分析、市场预测和提供所需服务的成本。

- 风险管理：毫无疑问，在信托中，有效地管理风险是任何经理工作的一个关键部分。考虑到日益增加的负担，对业务施加的新法规和合规压力，需要一个专门的风险资源。该资源可以集中在《银行保密法》、反洗钱（BSA/AML）以及外国资产控制办公室（OFAC）合规性、程序编写、合规性测试、备忘录审查、执行二级账户设置审查以及作为审计/监管检查的核心人员等重要领域。未能具有足够风险资源将消耗信托的管理，并占用关键人员的时间和精力。这将导致对成功开展业务缺乏关注的危险。

经理需要什么来管理风险

如需成功管理风险，信托经理还必须具备以下条件：

- 账户承兑委员会：该委员会需要审查和批准新业务。

- 审查委员会：该委员会应至少每月召开一次会议，审查违约和问题账户，以指导采取适当行动。

- 观察清单：这是一份过去90天风险账户、违约账户和拖欠备忘录的清单，以供审查委员会监控。应保留上述委员会的会议记录，但仅反映简短的积极行动声明，避免推测和假设。记住，所有文件均可在诉讼中发现。

- 法律资源：任何信托业务必须能够获得关于业务中出现的法律问题的法律建议。我发现，在向信托经理报告的业务中，专门的法律资源是获得持续法律审查和所需投入的最有效方式。这应由可获得的外部顾问意见和破产援助进行补充。内部和外部顾问也可协助对新问题进行文件审查，这是一种良好的风险控制做法。信托的专门法律顾问资源是成功管理信托业务的最重要部分之一。

- 业务管理部：账户的基本业务管理部需要敬业、负责、注重细节的人员。重要的是，要有足够的管理员来有效地履行各种行政职责。负担过重的管理员会犯错误，因为他们没有时间适当关注账户的详细信息。对于管理员而言，能够思考他们做事情的原因以便确定正确分析最佳行动方案所需的事情同样至关重要。这一切都是从一线管理员开始，他们每天都要为客户提供所需服务和风险管理。账户管理员和任何支持人员也应接受持续培训计划的培训。来自注册银行家学会（ICB）的注册信托专业人员（CCTS）名称作为专业水平的专业名称也有所帮助。还应鼓励和培训管理员成为强大的客户经理，以便能够拜访客户。

- 业务结构：信托业务有多种结构。传统结构是由管理员（副总裁和信托高级职员级别）全面负责管理账户的所有方面，从文档审查到结算，以及从现金流量动到到期的所有持续合规性。他们得到助理的支持，并以团队形式分组。许多管理员均为律师。信托结构已发展到包括更加专业化的中间部门结构。这种结构具有以下特点：

    o 客户经理：主要客户联系人并负责拜访现有客户。

    o 账户控制：账户设置，包括合规、监控、投资和大多数备忘录职责。

○ 现金处理：负责所有的偿债、现金流量处理。

○ 运营：所有 DTC 联系，支付给债券持有人的付款，费用账单，记录保存以及税务表格处理。

○ 中间部门：账户控制和现金处理，其可合并。

一个集中式团队（先前是助理级别）将为不同地点的所有账户提供服务。客户经理可以是本地的。另一个趋势是，运营部将成为信托运营部的一部分，以利用运营规模经济（例如，支付、记录保存和税务表格处理）。

对于谁应该是客户的联系人，这一点始终存在争议。其应该是账户管理员（通常称为客户经理）还是销售、中间部门或业务管理部的其他人？我建议让客户接受教育，可选择使用客户经理作为他们的单点联系人，或在中间部门中提供几个额外的联系人。中间部门联系人应该熟悉客户的账户，并能够比客户经理更有效地解决问题，然后客户经理必须联系中间部门以获得答案。这一延迟会让客户感到失望。

除了上述结构之外，成功的信托业务应该具备独立的专门销售人员、风险人员、法律资源和产品经理。有了适当的资源和结构，业务就有最大的成功机会。信托是一项独立的业务，也应如此对待。

培训

培训是我最喜欢的话题，也是我职业生涯的基础。训练有素的人员是无法替代的。为此，信托业务经理必须专门为信托业务制定并实施持续培训计划。其应该由以下要素组成：

- 一小时关于特定核心受托人责任、程序和政策的课程。
- 定向培训课程介绍业务的概况，并在新雇用的员工学习业务时指定一名导师回答问题。
- 制定信托Ⅰ、Ⅱ和Ⅲ的信托类课程，以获得 CCTS 认证称号。这可通过制定内部培训计划、聘请外部培训顾问或让雇员参加 Cannon

Financial Institute Corporate Trust School 来实现。

- 例如，法律顾问提供文件审查方面的特定培训。他们通常会免费这样做。
- 银行软技能课程的公共培训，如团队建设、领导力、BSA/AML合规和销售。
- 由供应商或内部系统技术人员或某些你的员工进行的系统培训。

我更喜欢当面的课堂培训，以获得最大程度的互动和学习效果。在线培训课程在许多组织中很受欢迎，且确实有一席之地；然而，它们不应该是培训的唯一途径。在线课程和网络研讨会可以是非个人化的，并提供一个更受限制的讨论/反馈环境。它们的生产成本同样很高。然而，这对于存在各种方法以便提供培训而言是有益的，经理可以为其特定业务选择合适的方法。

无论使用什么样的培训方法，唯一不变的是应持续、有计划地进行培训，并且尽可能地由培训专业人员来进行培训。尽管主题专家可能很有实操性，但他们应该接受提供技术方面的培训。应提供书面讲义、一览表和材料。应不惜一切代价避免的是培训环节，在这个环节中，如果发言人只是念 PowerPoint 幻灯片，会使每个人均进入梦乡。很少有人具备提供有效、发人深省培训的独特技能，尤其是像信托这样具有高度技术性的主题。我始终发现，融入个人故事和现实生活中的示例，对课堂参与者成功学习具有很大影响。我觉得你做再多的业务培训也不为过。信托人员应不断提升知识和技能，以满足不断变化的市场需求。

创收

信托业务的经理需要考虑许多创收想法。产品多样性是业务增长的关键，尤其是市场发生变化，从而导致某些产品表现不佳或消亡时（例如，可变利率需求债券和 BAB 债券）。对新证券开发采取投机方法时，灵活性至关重要。我所看到的一个示例是 20 世纪 80 年代和 90 年代抵押担保贷款激增。在这种情况下，一家名为 Texas Commerce 的银行成为信托的隔夜市场领导者，因为其看到了成为 CMO 受托人的机会并抓住该时机。

待考虑的创收想法

• 契据：做尽可能多的契据，从你的银行家和律师事务所中寻找所有类型的契据。

• 保管：寻求保管持有资产、抵押贷款和其他文件。

• 市政租赁：考虑这种特定类型的融资，这对于持有投资资金而言非常有益。

• 公司银行家和公共财政银行家：确保将内部银行资源用于转送业务。包括你的房地产和租赁领域。

• 继任受托人/违约业务：开发具有违约管理专业知识的业务，以接受因违约账户的利益冲突而辞任的受托人的业务。

• 针对你的销售队伍：将你的销售队伍主要集中在发现新客户上，把现有的客户关系作为管理员/客户经理的重点。

• 保持可见：参加会议，举办活动，在集会上发言（包括银行内部和外部），以最大限度地曝光。

• 寻找收购：通过收购另一本业务账簿来发展你的业务。你必须确定在产品方面符合你的战略方向的内容，仅收购银行现有覆盖范围内的业务，或寻求开发当前不在你当前产品供应内的业务。

这也是将经验丰富人员带到你业务中的一种方式，与你的组织相比，他们对业务有不同的看法。

• 走向世界：寻求拓展国际市场。尽管扩张到美国以外所需的资源可能是一个障碍，但我可以证明，信托业务在全球范围内有着巨大的机遇。在我的多次环球旅行中，特别是在亚洲，随着全球证券市场扩张，我看到了大量的信托业务。然而，你必须在合适的位置，具备合适的能力（例如伦敦和香港）。

• 董事：在税收优惠的地方设立董事业务。这项服务包括作为董事会成员担任各种信托关系的董事。董事举行会议，保存会议记录，遵守信托公司的章程和管理文件，并代表信托公司作出决定。信托公司可以是持有飞机或船只等资产所有权的特殊目的机构（SPV）。信托公司可以是在岸和离岸的税收中性或税收优惠地开展业务（如开曼群岛；爱尔兰都柏林；海峡群岛；毛里求斯；或者美国的特拉华州）。我在所有这些地方均接受过培训，并且可证明这一业务带来了巨大的收入机会。

- 报告/记录保存：开放向客户提供的专门报告和记录保存服务，包括估价服务。一个示例是作为发行人的披露代理人，其希望第三方传递符合SEC规则第15c2 – 12条（二级市场披露）要求的报告信息。

- 特殊服务收费：创建一个你收费的服务清单，且这些服务可视为超出你的标准管理费用报价。示例：补充契约、同意书、投资、建设资金提款、选择性赎回、看跌期权和特殊报告。

- 费用增加：开始定期增加费用。我强烈建议你开始定期增加费用。我知道你的想法，"我的客户永远不会接受费用增加。"我可以根据个人经验告诉你，如果你以正确的方式表达，则他们会接受。首先，你必须传达这一事实，即你的成本与任何业务中的成本一样上升，并且你必须能够支付这些成本，以便继续提供你的客户已开始期待的服务质量。我已成功地提高了某些类别的费用，如现付费用。你也应该意识到存在竞争压力，并确保你的原始费用报价明确规定你可增加你的费用。这不仅是可以做到的，而且是必须做到的，因为期望将你的业务锁定在20到30年内不增加费用安排的想法十分愚蠢。

- 运营：从你的运营团队中向其他银行提供自有品牌服务。我曾工作过的一些银行提供了这项工作。实际上，你可以通过向其他信托提供者提供记录保存、转让服务和支付能力，将运营成本中心转变为利润中心。

- 现金余额信贷：接收现金余额信贷。确保将你的未投资现金余额从银行转入收入信贷。银行使用这些余额，因此要确保信托接收信贷，而不是其他人接收。

● 投资专营货币市场资金的信贷：获得投资银行资助的货币市场资金的信贷。对于投资于银行的专营货币市场资金，信托应获得信贷收入。无论这被称为 12b－1 费用还是管理费的一部分，你都应该接收信贷，就像你在银行之外使用货币市场资金一样。这些资金不会投资于没有信托的银行资金中，因此应在信贷到期时赊账。

● 银行转送的激励措施：向银行的其他领域提供现金激励措施，以便为信托带来新业务。对于银行部门，一种有争议的做法是将一项业务按照所产生的费用收入的一定比例，在其预算中以高于额度或低于额度（直接或间接）的方式转介给影子信贷。许多银行不赞成该做法。然而，这是信托业务获得关注的有效手段。在一个案例中，我能够向负责转送业务的人员发放现金奖励。我可以向你保证，现金会引起人们的关注，收入信贷对预算也是如此。

● 观察间接费用：仔细注意对你的业务造成的间接费用，可能会有不公平的分配。你通常将会看到根据总人数或账户数量分配的间接费用，因此要警惕。

结论

在当今高度竞争的市场中，成功的信托经理必须身兼数职。成为业务的有力倡导者并获得适当的资源，并且成为企业内部和外部的支持者，这至关重要。在支持银行目标方面有适合的战略方向，寻找机会，不断寻找新的收入来源，成功便离你不远了。

章节摘要

经理应记住信托业务的这些关键属性：
● 年金收入
● 费用收入

- 资金余额生成者
- 资产收集者
- 提供交叉销售机会的长期关系产品
- 发行人和投资者所需的必要证券市场服务
- 高品质服务
- 诱人的利润率

 案例研究

你是信托业务的经理。银行的一名商务高级职员给你带来了一个新的业务机会。这是1000万美元的市政工业发展收入债券发行，用于在普莱森特维尔小镇，即你所在州中部那风景如画的小镇，建造一座轮胎回收厂。你顶着压力接受了来自商务高级职员和你的经理的交易，帮助一家初创公司成为银行客户，并产生创造你的预算所需的收入。

你应如何做？你是否应该接受这项业务？

回复

你的首要职责是对交易进行尽职调查，以了解融资需完成什么。问问自己，这项业务是否会有不可控风险，你代表银行承担托管的真正风险是什么？一项小小的研究揭示了一些令人不安的事实。由于环境原因，该镇部分反对建造该工厂，因为其美丽的社区将有一个大烟囱。示威游行已爆发，吸引了全国媒体的报道。如果你不得不取消对工厂的赎回权，将带来环境风险。这将是资助公司申请破产保护的结果。受托人将负责代表债券持有人接管财产并保护财产。该公司是一家采用一种未经试验的焚烧轮胎发电工艺的新公司。电力将出售给居民。遗憾的是，电费高于市场利率。该州同意补贴差额，以便出售电力。根据你的经验，你已看到过此类补贴/政府担保被取消的情况。

你的结论是：风险太大。你需要婉拒这项业务。它将成为你的竞争

对手的业务。

这是我作为一名经理所面临的实际情况。一年后，发生了最坏情况。公司发起人通过申请第 11 章"破产保护"而违约。受托人不得不取消对该设施赎回权，并试图对其进行管理，且以远低于 1000 万美元的原始成本出售。该州也取消了其补贴担保，所以任何电力销售均变得不切实际。更糟糕的是，投资者对融资各方，包括受托人都提起诉讼。

总而言之，这对受托人和所有相关人员而言都是一个糟糕的结局。我想在这里结束这个故事，但还有一个项目需要解释。我换了工作。我现在的工作对象是接手这项业务的银行受托人。因此我从未真正离开这个领域。

第14章

信托的未来

导言：科罗拉多州温莎镇—如今

如果今天有一位银行 CEO 与我接洽，询问其是否应该开展信托业务，我会回答："是。"为什么？这项业务有前途。

信托是一项需要专业知识的独特专业业务。其可以建立良好的关系，其中银行可成为公司和市政客户的长期服务提供者。传统上而言，该业务具有较高的利润率。尽管自 2008 年低利率环境下的经济危机以来有所下降，但其仍能产生 15% ~ 30% 的诱人利润率。随着更多债券的发行，不断上升的利率和更强劲的经济将提高这些利润率。

信托业务在 20 到 30 年或更长的时间里产生费用收入。其年复一年地为银行提供年金收入流。该业务还可以支持货币市场资金等银行投资产品。该业务还提供现金余额，这有助于银行支持其贷款业务。

简而言之，我会回答，"是的。开展信托业务，"前提是你能够提供专业知识、承诺、市场占有率以及正确开展业务所需的适当资源。

章节目标

在我看来，如果没有回答："信托业务是否有未来?"这个问题，那么任何一本关于信托的书均是不完整的。正如你可以从我的开场白中看到的，答案是"是的，当然是。"然而，由于信托如今和未来均面临着越来越困难的挑战，因此，为了绘制一幅现实图片，我将在我的论证中更加谨慎。

Ⅰ. 为什么信托有未来

Ⅱ. 信托所面临的挑战

信托业务有数量惊人的增长的可能性。

让我们来看看这句话的意思。

14.1 为什么信托有未来

需要受托人的角色以及信托业务所履行的代理人职责。对于债券发行人或购买债券的投资者而言，根本没有其他这些特定服务的提供者。支付代理人、记录保存和转让代理人服务是业务的基础。存在各种其他服务，包括投资、现金流量处理、监控发行人合规、与 DTC 互动、持有实物资产/抵押品（或持有此类资产的所有权）、报告信息以及许多其他服务。现实是，没有其他人可同时提供这些服务。

发行人接受这些服务。债券投资者在违约时接受受托人的保护。同样，除受托人之外，没有任何其他提供者能够提供这种保护来合并和追究破产/违约投资者的索赔。

信托业务为发行人提供服务，并为投资者提供保护，这些业务没有其他提供商提供。提供契据代理人、托管人和信息提供者等附加服务增加了业务需求。证券市场的正常运行取决于信托提供的这些必要服务。由于信托，债券的发行和偿还效率更高。我们也需注意为支持信托而提供的所有运营服务，包括税务表格处理、证券转让、本金和利息的支付、无人申索资金的处理以及记录保存。所有这些均为证券市场以非常合理的成本平稳运行所必需的。

联邦法律支持信托

根据《1990 年信托契约改革法案》修订的《1939 年信托契约法》大力支持受托人的正式角色。其作为证券市场正常运作的一项重要服务，符合信托受托人的行为标准。如今，该法案是对债务市场信托业务中受托人角色必要性的验证。自大萧条以来的这些年里，该法案在无须纳税人或监管干预的情况下很好地实现了其目标。

回想一下我在 20 世纪 90 年代中期对《信托契约法》向国会委员会作证的早前报道及其阐述存在的原因。国会继续支持该法案为信托提供法律基础。我向 SEC 提供的进一步证词也证实了 SEC 对受托人角色的支持。当我询问委员，SEC 是否想介入提供受托人服务时，我被告知"不是"。我的结论是，受托人的角色和信托业务的服务经受住了时间的考验，实现了对证券市场的展望。

年金收入和其他财务效益

信托业务在很长一段时间内（对许多客户而言是 20 到 30 年）可产生年金收入流。利润率可观。提供服务所需的人员数量相对较少，从而减少费用。年金收入同样主要是费用收入；这对银行来说很有吸引力，银行会有相当数量的沉淀资金。对专营货币市场资金等其他银行服务的支持是一个额外的意外收获。信托的这些属性均有利于银行。

提供信托服务的其他原因

以下主题代表了银行应提供信托服务的原因：

● 服务质量：信托要求的服务质量高。信托应对这一挑战；这将会为银行带来满意的客户。

● 多种服务：当前的信托业务必须寻求提供除基本受托人/支付代理人产品之外的多样化服务。证券市场正在创造需要更多信托参与机会和专业化的新产品，例如，提供特殊报告和监控服务。

新产品和服务的发展将为业务前进提供新的收入来源。

● 银行资本的使用：传统上，信托并没有像贷款领域那样要求使用银行资本。由于《巴塞尔协议Ⅲ》要求银行针对"存款"储备更多资本，包括信托账户中托管的未抵押的未投资资金，该收益现在正在逐渐减少。然而，抵消这一点的是信托银行的整体价值和效益，以支持自营银行投资产品，提供余额，并产生费用收入。

14.2 信托所面临的挑战

尽管从事信托有许多效益，但同样存在一些挑战。尽管应对这些挑战并不容易，但我不断见证着信托供应商为了取得成功应对这些挑战而奋起完成这项任务。多年来我遇到过的许多信托专业人员的高品质，使我对业务的未来成功深信不疑。一些更重要的挑战如下。

收入生产

2008 年经济危机导致的低利率环境减少了该业务的几个重要收入来源，即货币市场回报和由此产生的信托赚取的费用减少。此外，随着银行削减信贷，银行的现金余额价值减少，因此，它们无须从信托中获得此类余额。

债券数量也有所下降，因为发行人发现，由于市场忧虑，其进入债务市场变得更加困难。此外，发行人正努力减少其整体债务，以增强其资产负债表。较少的债券发行意味着信托的费用收入减少。为了应对这些收入挑战，该公司已开始着手使其服务产品多样化，以寻找新的收入来源。随着发行人发现对其债券发行得到一致好评，经济的发展也将导致证券市场得以改善。因为基础设施需求增长和业务需要筹集资金来扩大其业务，所以将继续需要债券融资。此外，结构性金融债券发行的复兴正在归来，并且将为信托提供新的收入机会。

监管和合规压力

由于2008年的经济危机和多德弗兰克银行改革法案，人们认为有必要对证券市场施加更多的监管。这对信托和银行造成更多的监管/合规压力。这些压力将会增加开展业务的成本。其还需要更多的业务资源来满足不断增长的监管/合规要求，尤其是在业务的BSA/AML、投资和资金运用领域。信托业务正在建立适当的程序来应对这些挑战。我还看到，不仅程序的数量有所增加，而且这些程序的测试也在增加，以及花费更多时间和精力满足这些需求。这将减少用来开发业务和为管理业务提供关注的精力。这确实给那些没有大型竞争者的人员配备或系统资源的小型供应商带来更大的负担。

然而，小型区域供应商没有大型银行受监管严格，业务模式也与大型商业模式有区别。我觉得在这项业务中，大型银行供应商和小型区域供应商均有发展空间。小型供应商没有很多的成本结构来支持。与更大型、非本地的银行相比，如果它们继续提供优质的本地服务，它们就会有未来。

投资者和发行人要求提供更多服务

就机构投资者而言，存在公认标准，以要求信托供应商提供更高水平的服务。发行人现在也对受托人提出更多要求。遗憾的是，双方尚不愿意为增加的服务需求支付更多的费用。机构投资者需求主要集中在MBS债券融资上，他们正在推动受托人在监管服务机构和解决问题证券化的抵押品不足问题方面发挥更积极的监督作用。这些机构投资者甚至在游说受托人承担受信人谨慎标准。评级机构和监管机构同样注意到越来越多的呼声呼吁受托人做更多事情。正如我先前解释过的，受托人并非受信人，而是违约前的代理人和违约后的审慎人，其作用不如受信人。受托人无权在管理文件中作为受信人，也无权因此而得到赔偿。

然而，如果这一标准适用于受托人，则其必须在管理信托文件中明确定义和授权。受托人报酬也必须大幅度增加，以支付受信人标准强加的资源、法律专业知识和法律责任增加的成本。我还预测，《信托契约法》将需要予以修改，以反映这一新的受信人谨慎标准。

信托业务一直是为满足证券市场的新需求而兴起。结构性金融证券化市场的创建就是一个例子。在新的证券市场结构与不断增加的商业需求下，信托可以再次拓展业务，但须有必要的报酬和资源。

银行高级管理层对信托的理解和观点

增加银行收入和控制风险的需求是信托业务不能忽视的关键因素。信托经理必须坚持教育银行业务管理员怎样做好信托，以及满足日益增长的委托的控制要求。这项任务并不容易——而且这是一项需要持续关注的任务。然而，为了业务存续，其可以且必须这样做。

人员和系统所需的资源

一个成功的信托业务中没有比训练有素且经验丰富的人员更重要的组成部分。企业必须拥有足够数量的人员。在我的职业生涯中，无论是作为一名管理员还是作为一名经理，我自己也经历过业务资源不足的危险。即使是适合做业务的人，如果负担过重且不堪重负，也无法恰当地表现能力，有可能导致走捷径和发生错误。由于没有时间思考一个问题，因此会损害判断力。在信托业务中，这些错误可能附带巨大的美元利益，比如百万美元透支额，这仅列举一个潜在的错误。若想成功，业务仅仅需要拥有恰当的人力资源、培训和支持，才能做好工作。

同样需要适当的系统，尤其是在我们今天生活的先进技术世界里。受托人所需的各种债券结构和服务的独特性使得系统支持能不能成为跟上所需的自动化需求是一种持续的挑战。依靠过多的 Excel 电子表格来填补空白的危险给业务带来了控制问题。信托没有简单的系统答案，这就是为什么采用多种系统。关键是连接这些系统。在我从事该行业的所有岁月里，我仍然在等待一个将覆盖我们业务的所有方面和使我们能够只输入一次数据而不是多次输入的神奇系统。我相信我将会等待我职业生涯的未来 42 年将发生的事情。

然而，世界上最优质的系统也无法解释契约，解决客户的问题，或预测违约，只有人能做到。训练有素、负责任、具有奉献精神的人喜欢自己所做的事。他们认为自己是在为银行和其客户做重要工作的人。正如我所相信的那样，他们通过促进基础设施建设的融资、为我们的公民提供住房以及支持业务发展以提供所需的商品和服务，为证券市场的成功运行作出了贡献。这就是信托对我和我在这个迷人业务中认识到的许多专业人员的意义所在。

结论

在我 42 年的商业生涯中，我一直是一名信托专业人员。我看到了业务成功发展。我看到了业务整合，正如银行整合一样。我看到了变化不定的新产品、证券结构和服务。我经历了诉讼和不断增加的监管对业务的压力。我还在国内和国际旅行，会见无数的信托专业人员。

基于我在该行业 40 多年的经验，我得出的结论是，信托业务将在当今的压力下存续，并将继续成为美国和世界各地证券市场的一项有价值的服务。隧道尽头有灯光，且其并非来源于一辆火车。这是机会之光。因此，对于所有信托专业人员而言，我建议你继续以你们一贯表现出的热情、诚信和奉献精神为业务服务。

我希望所有受托人成功，因为我们共同努力以继续这一项富有挑战性和不断变化的信托业务——一个真正的金融合作伙伴。

章节摘要

只要债券发行，受托人的需求将会持续。受托人的角色将继续是债券融资的重要组成部分，其中受托人将在违约前和违约后提供关键服务。发行人将继续需要受托人提供的处理和监测服务，以促进债券融资的运作。债券持有人将继续依赖受托人在违约时提供的保护，以便最大化其追偿金。

随着证券市场的不断发展，信托业务和受托人提供的服务也将不断发展。

 **案例研究**

如果我的两个女儿 Kristen 和 Denise 问我："爸爸，我是否应该在信托业务中找工作？"将会有一些问题需要考虑。他们是否会有有意义的职业？他们是否能拓展其技能并作出有意义的贡献？他们是否会受到有趣的工作挑战？

我会对我的女儿说什么？

回复

答案是肯定的。我还进一步添加以下内容：如果你想要金融服务行业中有趣的且不断变化的业务中获得一份职业，则信托是一个好去处。准备好不断学习业务的新方面和学习新课程。你将和一些你所遇到过的最好的、最真诚的、最负责任的人员一起工作。你将会喜欢这些经验。你将带着宝贵的知识和经验离开，这将有益于你的余生。因此去做吧，但需做好准备，永远不要因为你知道一切而感到真正的放松，因为你永远都要有要学习的东西。这就是为什么我如此热爱该企业的原因。它不断发展，并且非常有趣。它每天都会向你发出挑战。因此你需要每天学习，这是一个迷人的前景。

附件 A

《1939 年信托契约法》：关键章节摘要

第 310 节：受托人的资格和标准——要求 150 000 美元的资本与盈余以及信托资格。第 310（b）（1 – 10）节列出了受托人在违约事件发生时必须面对的十种利益冲突，选择在 90 天内辞职或解决利益冲突。

第 311 节：根据《破产法》规定，对债务人的优先追偿期为 90 天。

第 312 节：关于债务人报告债券持有人清单和债券持有人获取信息的规定。条件是要求有 3 个或 3 个以上的债券持有人申请获得所有债券持有人的清单。

第 313 节：受托人有向债券持有人、SEC 和债券上市的交易所提供一份年度受托人报告的义务，但前提是受托人在第 310 条 310（b）（1 – 10）中关于利益冲突的立场发生重大变化。

第 314 节：债务人的报告义务，包括所需证明、财务报告以及遵守契约和公允价值的意见。同时要求债务人发送给 SEC 的任何年度、季度或重大事件报告，也必须发送给受托人。要求每年向受托人提供无违约的官方证明。

如果债券由抵押或财产质押作为担保，还需向受托人提供年度记录意见。

第315节：有关违约前和违约后受托人的责任、职责和审慎标准的规定。具体而言，第315（c）节确立了违约后审慎人的谨慎标准。该章节还规定受托人在发生违约后的90天内向债券持有人发出违约通知（根据违约条款），但同时指出，如果受托人认为不通知更符合债券持有人的利益，则可以保留该通知。

第316节：有关债券持有人对受托人的指示、豁免的情况和限制的详细说明。授权持有不少于多数占比的债券本金的债券持有人，可指示受托人采取补救措施。还授权持有不少于债券本金75%的债券持有人对利息支付进行延期，其期限自到期日起不少于3年。授权受托人建立一个登记日期，以便受托人获得债券持有人同意或采取其他行动。

第317节：详细说明受托人在收取违约索赔和支付代理人职责方面的某些权力。还确定了受托人在破产中提交索赔证明的权力。

附件 B

受托机构：简述

定义

受托机构通常是指一种由银行向债券发行人提供的服务。这些发行人可以是市政当局（即市、县、州或政府实体）或者公司，发行债券以用以建设或购买。银行作为受托人代表发行人提供债券发行所需的各种服务。发行人为受托人提供的这些支持服务支付费用。虽然受托人作为发行人的代理人，但如果发行人不履行其对债券持有人的义务，受托人的角色变换为代表债券持有人行事的审慎人。

工作原理

受托人提供如下服务：将从发行人或信托财产中收到的资金付给债券持有人（付款代理人）；保留债券持有人和未偿还债券金额的记录（簿记商）；以及转让债券持有人出售的债券（转让代理）。除其他责任外，受托人还根据信托文件的规定监督资金用途，例如接收报告和证明，根据发行人的指令进行投资，以及按照指令进行其他资金的支付，例如建设基金款项。受托人在违约前并没有酌情决定权，职权范围在信托文件约定的四个范围内。违约后，依据审慎标准，受托人具有自行决定的权利以便代表委托人最大化地追回损失。但这不是一个受信人审慎标准，受托人的审慎行事低于这一标准。

受托人服务对象

受托人违约前服务于发行人；违约后服务于债券持有人。如果问及受托人的最终老板是谁，答案无疑是债券持有人。

其他信托服务

信托不仅可以作为债券发行的受托人，还可以担任其他多种角色。其中一个角色是为签订短期协议的双方或多方充当托管代理人，以托管代理的身份为双方持有资产或提供服务。另一种常见的服务是托管人服务，即银行持有资产的托管服务。在信托中可找到一长串其他专业服务，包括记录保存、资金调动和报告服务。因此，信托是一项具有许多潜在组成部分的业务。

附件 C

如何成功管理信托风险：最佳实践

为更有效地管理风险，受托人可结合以下建议的几种最佳实践做法。以下清单或不能面面俱到，但却是一个好的起点：

- 根据文件行事。

- 阅读并理解这些文件——二者缺一不可。

- 聘任优秀的法律顾问以便在出现问题时协助你审查文件并解释文件。

- 获得书面意见。

- 雇用有经验的破产顾问应对所有破产情况，最好是您认识的，知道受托人职责的律师（即有受托经验）。

- 建立良好的体系和适当的培训。

- 进行定期账户负载检查，以分析账户的负荷管理情况以便进行调整。

- 对管理员以及操作和人员的团队进行交叉培训，以便其他人可以在缺勤或离职时及时顶替。

- 聘用一名"机动管理员"作为资源来填补空缺或为新业务提供支持。

- 由独立一方进行账户设置的"二次审查",以便在账户设置的90天内发现任何遗漏的记录或记录设置中的错误。

- 绘制现金流动图,以便更全面地了解资金链条。与首席顾问一起进行验证,并提供一个简单的记录,以便任何其他人在你不在时使用。

- 如有疑问,请将其列入备忘录。

- 如果信托条款并没有明确要求你接收诸如保险凭证之类的东西,如果已提供了请不要接受,而是将其退回并附上说明,你没有接收它的责任。请勿将其归档到文件里。

- 如果接受财务报告,请在契约中使用你不必审查报告之类的条款,只需简单地确认它们是否需要提供给你。如果你决定审阅报告,则我建议你进行以下检查:(1)净收入,(2)审计意见,(3)流动资产减去流动负债的资产负债表项目,这将告诉你发行人是否具有偿付能力。将此制定为所有人均需遵循的流程。这被称为 Jeff 的 8 分钟审查,因为只需 8 分钟即可完成。最后它会告诉你:(1)发行人上年是否盈利或亏损,(2)审计师是否发现任何差异,(3)发行人是否具有偿付能力,这意味着是否具有足够的资产来偿付其未来一年的债务。我已对财务报告进行了审查并且发现对于了解发行人的总体财务状况而言很有用。能帮助我预测公司财务困境(即潜在违约)。出于多种原因,我知道这个理念很难让受托人接受:

1. 没有时间(8分钟)。

2. 没有培训(任何人都可以做到)。

3. 契约条款没有要求,但这些有用信息可帮助受托人预测违约的发生;这些信息可帮助受托人更好地保护债券持有人。

- 对于保险协议,尝试不要接受任何凭证。如果你确实接受凭证,则应试着将其限定于一个保险专业人员的简短意见，表明所有的保险均有效。这将有助于你控制不理解保险条款而带来的风险，尤其是你接受了复杂的保险凭证和保单。保险规定是我对受托人的最大担忧之一。我对不同类型的保险进行了广泛的研究，并与保险专家讨论了契约保险条款。我的经历令我意识到，由于行业惯例不断变化的复杂性，很难正确理解和监控保险合约。撤销、模糊语言、不明确的规定和困难的术语均使得保险合规成为受托人难以履行的难题。我由此产生的担忧是，由于所提供的保险凭证不充分，当发生损失时，不满的债券持有人会起诉受托人，声称受托人应该知道缺陷。

- 受托人进行投资时，请务必遵循书面指令。在投资条款中规范资金运用。建立一套常规的指导方针，以便在无法收到委托人指令时完成投资。

- 为发行人的任何投资提供三种投资选择。

- 在首次提款之前，对任何新的信用证进行一次演练，以确保您确切地了解提款过程是如何进行的。

- 如果替代抵押品不能被证明具有现有抵押品的同等或更高的价值，始终对替代抵押品提出质疑。

- 用精准的语言，清楚地说明受托人应如何对任一资产进行估值。

- 根据信托契约的条款，从建设资金需求单中去除发票要求。

- 切勿在没有指令的情况下发放资金、抵押品或资产。如果你内心存疑，应在采取行动前征求法律顾问的建议。对于任何要求你放弃或修订信托条款的请求，也应照此办理。

- 如果不动产债券发行存在潜在的环境风险因素，请在信托文件中加入相关条款，允许你在采取任何止赎诉讼前，就财产环境状况征求专家意见/报告，例如 I 期或 II 期环境报告或关于资产环境状况的专家意见。如果出于财产性质（如化工厂）需要，受托人可要求就财产环境状况提交年度意见。如果受托人需要对财产采取止赎诉讼，则还应在信托文件中包括受托人从债券持有人处寻求赔偿的赔偿条款。

● 对于你可能被指定为候补服务商的任何账务，请准备一份候选服务商的名单，以备你可以随时联系并代表你参与项目。尽量在信托文件中包含一项条款，规定如果受托人承担候补服务商的职责，其费用由现金流量支付或由债券持有人支付。

● 指派一个专门针对新产品，有时间和能力处理新产品创意的工作人员。

● 理解银行的整体战略，让受托机构的战略与之相协调。

● 如果出现了差错，请立即告知你的客户，并让你的客户知道你在努力控制损失。你最好就任何关于服务质量的问题随时沟通，而不是让客户自己去发现或从你的竞争对手处听到。在你的业务管理中也需如此。切勿隐藏问题，试图粉饰太平终会使你自食其果。

● 在书面说明的规定形式中包括电子传输方式（例如，通过电子邮件）。

● 建立非重复电汇的回拨程序。

附件 D

市政债券产品和债券发行说明

一般债务和税收债券的市政债券子类别

医疗卫生：用于医院、辅助生活设施、老年护理设施或其他医疗保健设施的收入债券。

运输：融资用于机场、桥梁、隧道、收费公路和交运系统的债券。

公用事业：融资用于燃气、水、下水道和电力系统的收入债券。

污染治理：融资用于私营公司污染治理的税收债券。

市政票据：融资用于项目或帮助市政当局管理其现金流量的短期有息债券。示例如下：

- 税收预期票据（TAN）：为筹措市政当前的运营资金而发行，预期未来从房地产税中获得税收收入偿还。通常是一般债务（GO）债券。

- 收入预期票据（RAN）：与 TAN 发行目的相同，除了预期收入来自一般税收收入以外的其他来源（如联邦和州补贴）。通常是 GO

债券。

　　○债券预期票据（BAN）：预期从联邦政府获得资金（补助）而发行的票据。

　　○建设贷款票据（CLN）：为项目建设提供资金而发行的票据，最终将通过债券发行筹集资金。

　　免税货币市场工具：免税商业票据和浮动利率需求债券。浮动利率需求债券将按规定的时间间隔调整其利率，并允许债券持有人在新利率设置日出售持有债券。

　　参与凭证（COP）：为市政设施租赁进行融资而发行的票据。

　　税收增额融资（TIF）：以指定地理区域中的特定的税收支付债券或票据，直到债券或票据全部被偿清。该地区的所有税收收入仅用于支付债券/票据。

附件 E

SEC 转让代理规则

- 17Ac2 – 1：申请成为一名转让代理人（TA）（一次性申请）或变更表格 TA – 1

- 17Ac2 – 2：来自表格 TA – 2 的年度报告

- 17Ac3 – 1：撤回 TA – W

- 17Ad – 1：定义：SCL（装运控制清单）

- 17Ad – 2：周转——72 小时内完成 90% 的常规工作

- 17Ad – 3：处罚

- 17Ad – 4：豁免 TA——6 个月内少于 500 次转让

- 17Ad – 5：书面询问回复时间

- 17Ad – 6：记录保存要求——每日收据、每月日志

- 17Ad – 7：记录保留要求

- 17Ad – 8：安全寸头清单（SPL）

- 17Ad – 9：定义；主文件；管理账簿

- 17Ad－10：在60天内发布要求和补偿购入

- 17Ad－11：向监管机构提交监管规定的月度报告和季度报告

- 17Ad－12：保管资金和证券

- 17Ad－13：有关内部控制的年度账户报告

- 17Ad－14：招标代理人和专门指定账户

- 17Ad－15：签名担保——徽章计划

- 17Ad－16：转换条款——将立场从一个TA转换到另一个TA

- 17Ad－17：债券丢失/被盗——执行两次数据库查询以确定债券持有人的地址

- 17Ad－18：Y2K

- 17Ad－19：取消证书处理

- 17Ad－20：证券的所有权

- 17Ad－21T：Y2K

- 17F－1：如果涉嫌有犯罪行为，请在24小时内向证券信息中心（SIC）报告表格X－17F1－A中丢失/被盗的证券。如果没有涉及犯罪行为，可在48小时内提交表格。

- 17F－2：所有员工的指纹识别要求。

附件 F

资产支持证券类型

- 信用卡
- 汽车贷款
- 房屋净值贷款
- 学生贷款
- 厂房贷款
- 小企业贷款
- 特许经营贷款
- 设备租赁
- 船舶贷款
- 贸易应收账款
- 医疗保健应收账款
- 保险费
- 未来应收账款（如 James Brown 版税；David Bowie 版税）

- 出租车牌照
- 税款留置权应收
- 年金契约
- 12b – 1 费用
- 不良信用卡
- 电脑租赁
- CLO
- CBO
- CDO

附件 G

典型的资产支持债券发行模式

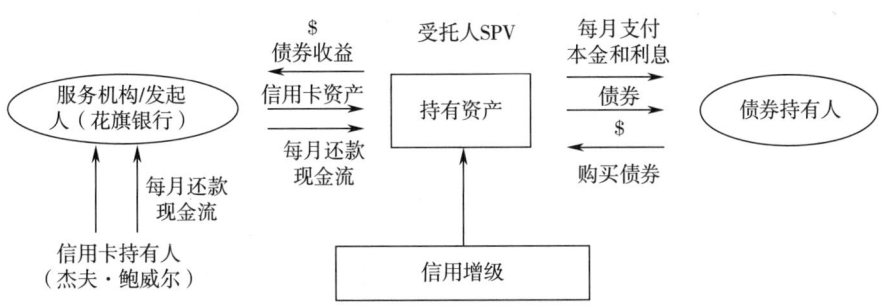

术语表

corporate trust	受托机构/受托机构信托业务
servicer	服务商
cash flow	现金流量
trustee	受托人
trust account	信托账户
securities	证券
investor	投资者
bondholder	债券持有人
issuer	发行人
obligor	债务人
indenture	契约
mandate	授权书
prudent man/person standar	审慎人/审慎人标准
security interest	担保权益
officer	高级职员
counsel	顾问

collateral manager	抵押品经理
dissemination agreement	传播协议
underwriter	承销商
bond counsel	债券顾问
lead manager	主承销
fiduciary	受信人
creditor	债权人
distribution	分配
prospectus	招股说明书
bankruptcy	破产
closing	结算
collateral	抵押品
Trust Indenture Act	《信托契约法》
sinking fund	偿债基金
administrator	管理员
relationship manager	客户经理
Uniform Commercial Code	《统一商法典》
indenture	契约
transfer agent	转让代理人
due diligence	尽职调查
management	业务管理部
standard of care	审慎标准
securities market	证券市场
foreclosure	止赎

balance sheet	资产负债表
originator	发起人
Patriot Act	《爱国者法案》
global note	全球票据
eurobond	欧洲债券
successor	继任人
reorganization	重组
redemption	赎回
post – default	违约后
pre – default	违约前
participant	参与者
fee billing	费用账单
fee – based revenue	费用收入
financial reports	财务报告
financing idea	融资理念
funds movement	资金流动
history of bankruptcy	破产史
hold assets	持有资产
insurance premiums	保费
jail	监禁
key question	关键问题
legal litigation	法律诉讼
letter of credit/LC	信用证
municipal bonds	市政债券

negative covenants	负面契约
operational functions	营运职能
operational requirement	营运要求
process – driven	过程驱动
qualifications	资格
redemption of bonds	赎回债券
regulatory requirements	监管要求
relationship management	关系管理
remedies	补救措施
revenue generation	创收
receivables	应收款
securitization	证券化
specialized reporting	专门报告
structure	结构
supplemental indentures	补充契约
optional redemption	选择性赎回
premium	溢价
pre – closing	交割前
closing process	结算过程
valuation	估值
conflicts of interest	利益冲突
corporate bonds	公司债券
credit cards	信用卡
credit enhancement	信用增级

default	违约
defeasance	撤销
depository	存管机构
annuity	年金
best practice	最佳做法
review committee	审查委员会
rating agencies	评级机构
pooling and service agreement	汇集和服务协议
trigger event	触发事件
pass – through	转手证券
document custody	文件保管
structured finance bond	结构金融债券
collateral pool	抵押品池
industry practice	行业惯例
bankruptcy court	破产法院
credit enhancer	信用增强机构
co – trustee	共同受托人
global note	全球票据
common service provider	共同服务提供者
fiscal agent	财务代理人
institutional investor	机构投资者
act prudently	谨慎行事
indenture trustee	契约受托人
privately placed bond	私募债券

asset – backed securities	资产担保证券
mortgage – backed securities	抵押担保证券
collateralized debt obligations	债务抵押证券
pre – default duties	违约前职责
nonrecourse	无追索权
agent pre – default	违约前代理人
rudent man/person post – default	违约后审慎人
trust document	信托文件
collateral trust	抵押品信托
principal and interest on the bonds	债券本金和利息
officer	高级职员
rights and powers	权利和权力
receiver	接管人
tickler	备忘录
broker	经纪人
comment	意见
attorney/lawyer	律师
litigation	诉讼
compliance	合规性
model indenture	契约范本
collateral manager	抵押品经理
private placement	私募发行
loan agreement	贷款协议
prospectus	招股书

offering statement	发行声明
priority claim	优先索偿权
supplemental indenture	补充契约
Trust Indenture Reform Act of 1990	《1990 年信托契约改革法》
market participant	市场参与者
Securities Act of 1993	《1933 年证券法》
preferential claims provision	优先债权条款
certificates of deposit	存款凭证
commercial paper	商业票据
medium – term notes	中期票据
book entry	簿记
annual report	年度报告
leverage lease	杠杆租赁
investment of fund	基金投资
technical default	技术违约
sinking fund	偿债基金
first lien	第一留置权
reserve fund	储备资金
lead manager	牵头经办人
legal opinions	法律意见书
recovery	追偿
post – default responsibilities	违约后责任
cure period	补救期
best practices	最佳实践做法

bankruptcy trustee	破产受托人
recourse	追索权
bankruptcy law	破产法
event of default	违约事件
diligence	勤勉
debt service payment	偿债付款
continuation statement	续期声明
public financing	公共融资
dissemination	信息披露
jury	陪审团
superfund	超级基金
owner operator	自营业主
policies and procedures	制度和流程
IRS	美国国税局
variable rate	可变利率
rebate	退税
special purpose vehicle	特殊目的机构
collateralized debt obligations	担保债务凭证